UNIVERSITY OF NORTH CAROLINA
STUDIES IN THE ROMANCE LANGUAGES AND LITERATURES

Number 103

THE OLD PORTUGUESE
VIDA DE SAM BERNARDO

THE OLD PORTUGUESE
VIDA DE SAM BERNARDO

EDITED FROM ALCOBAÇA MANUSCRIPT CCXCI/200

WITH

INTRODUCTION, LINGUISTIC STUDY, NOTES, TABLE OF PROPER NAMES, AND GLOSSARY

BY

LAWRENCE A. SHARPE

CHAPEL HILL

THE UNIVERSITY OF NORTH CAROLINA PRESS

PRINTED IN SPAIN

DEPÓSITO LEGAL: V. 2.774 - 1971

ARTES GRÁFICAS SOLER, S. A. - JÁVEA, 28 - VALENCIA (8) - 1971

To Virginia

TABLE OF CONTENTS

Pages

PREFACE ...	11
INTRODUCTION	
I. Manuscript ...	13
II. Sources ...	14
III. Summary of the Text ...	16
IV. Editing the Text ...	27
V. Linguistic Study ...	29
1. *Phonology and Orthography* ...	30
2. *Morphology* ...	37
3. *Syntax* ...	42
TEXT ...	47
NOTES ...	153
TABLE OF PROPER NAMES ...	161
GLOSSARY ...	169
BIBLIOGRAPHY ...	181

PREFACE

The Old Portuguese Vida de Sam Bernardo *is a fourteenth or fifteenth-century translation of the first three of seven books of the* Vita Prima *of the "second founder" of the Cistercian Order, in whose famous monastery of Alcobaça this work was accomplished and preserved.*

Although it contains some errors, especially involving geographic names unfamiliar to the translator and scribe, the version is generally faithful. The original Latin affects the style in some respects (overly long sentences, innumerable relative clauses, and dangling constructions), but nevertheless the text is a good example of Portuguese prose from a period of transition before the advent of classical sixteenth-century literature.

It is hoped that the present edition and the accompanying linguistic study will contribute to the study of Old Portuguese. The fact that the Latin original is readily available in Migne's Patrologia *should shed some further light on the techniques of translation as practiced by the Cistercian school at Alcobaça.*

I wish to express my sincere gratitude to Professor Urban Tigner Holmes, Jr. for suggesting that I edit this work and for his valued counsel during its preparation. My debt to Dr. Holmes for years of inspiring teaching can perhaps be expressed, only incompletely, in words referring to the "Mellifluous Doctor" : ...expoendo-me elle benignamente e sem ẽveja e comunicando as sentenças da sua inteligençia e os sisos da sua experiençia e se trabalhando de me ẽsignar muitas cousas ... nẽhua cousa me falecia pera as ẽtender. E se ainda ẽtender nõ podia as cousas que ante mỹ eram postas, elle mas fazia ẽtender mais do que eu soia."

I am also indebted to Dr. R. W. Linker for help in matters of paleography; to the Biblioteca Nacional de Lisboa for facilitating the microfilm of the present manuscript; to His Excellency Dr. Pedro Theotónio Pereira and the Fundação Calouste Gulbenkian for enabling me to visit Portugal and examine the Alcobaça collection; and to the University Research Council of the University of North Carolina for assistance in the publication of this book.

INTRODUCTION

I. Manuscript

The present edition is prepared from a photographic reproduction of the only extant manuscript. It is No. CCXCI / 200 in the famous collection of 454 manuscripts taken from the former Alcobaça monastery and now in the National Library in Lisbon. This monastery founded by St. Bernard's Cistercians on February 2, 1148 became famous for the calligraphic quality of the manuscripts copied there, especially up to the end of the fifteenth century. Even after the introduction of printing, however, the monks of Alcobaça continued to produce manuscripts (more and more commonly on paper than on parchment) through the eighteenth century.

The *Vida de Sam Bernardo* is only a part of manuscript No. CCXCI/200 (the Roman numeral is the old number used in the 1775 *Index Codicum Bibliothecae Alcobatiae*, the Arabic numeral being the modern Biblioteca Nacional number) which is described by Anselmo as follows: "Pergaminho. — 277 × 204. — [222 fl.]; entre as [fl. 194 e 195] foram cortadas 10 fl. — núm. de 1. var. (27-30). — recl. no fim de cada cad. de 10 fl. — letra gótica do sec. xv. — rubr.; iniciais a verm. e azul, filigranadas."[1] The *Life of St. Bernard* occupies the first 74 folios. The remainder of the manuscript is devoted to: "*Espelho dos monges* extraído de S. João Clímaco; excerptos de Hugo de S. Víctor; sentenças de Santo Agostinho, S. Jerónimo, S. Gregório Magno e outros, coligidas sob o título de *Disciplina dos monges* ¿por Arnulfo *de Boheriis*?; tratados sôbre os pecados, as obras de Misericórdia e a Eucaristia, e

---

[1] António Anselmo, *Os Códices Alcobacenses da Biblioteca Nacional, I. Códices Portugueses* (Lisboa, 1926), p. 58.

questões ou diálogo sôbre a confissão e outros pontos da doutrina cristã. —*Tradução portuguesa* ¿por Fr. Francisco de Melgaço, cisterciense?"[2] The *Disciplina dos monges* was attributed to St. Bernard which explains its presence in this manuscript.

The manuscript physically is in good condition although there are two lacunae, as indicated below in the discussion of sources. Initials are attractively decorated at the beginning of each section and some of the longer letters (*s, f, l, h,* etc.) are lengthened and otherwise ornamented at the top of almost every page. The Gothic hand is attributed to the fifteenth century in the description by Anselmo above and is quite legible with the exception of very few corrections. The words are generally separated although enclitics and proclitics are often written together with the accompanying word. The use of capital letters is very erratic. Raised periods are commonly used and occasionally a question mark is placed above the line with the shape of an "8" on its side. The only diacritical marks employed are the cedilla and the nasal *til*. According to fairly standard usage in manuscripts of the period, there are many abbreviations which have been expanded in this edition (see page 28).

II. Sources

The Old Portuguese *Life of St. Bernard* is an accurate translation of parts of the first three books of the so-called *Sancti Bernardi Vita Prima*.[3] They were written by:

Book   I.—William Abbot of St. Thierry (Guillelmus olim Sancti Theoderici prope Remos Abbas, tunc monachus Signiacensis);

Book   II.—Ernaud of Bonneval (Ernaldus [Arnaldus] Abbas Bonae-Vallis);

Book   III.—Geoffrey of Auxerre, Monk of Clairvaux (Gaufridus monachus quondam Clarae-Vallensis, et S. Bernardi notarius, postea Abbas).

---

[2] *Op. cit.,* pp. 57-58.
[3] Joannes Mabillon (ed.), *Patrologiae cursus completus* (Paris: J. P. Migne, 1855), Tomus CLXXXV, cols. 225-322.

Most of the passages or variants that appear in square brackets in the Migne edition are omitted from the Portuguese translation, as well as other passages of varying length. While an exact Latin prototype cannot be identified, some of the longer omissions are listed below.

Passages in the Migne *Patrologia* which are not found in the Portuguese manuscript:

BOOK I.—(1) parts of paragraphs 18 and 19 (col. 237);
        (2) paragraphs 43 through mid 53 (cols. 252-256). [At this point there is a definite lacuna in the manuscript. There is no continuity between the last line of folio 23v and the first line of 24r. If the Latin of Migne were translated in its entirety here the lacuna would amount to approximately four folios (eight sides)].

BOOK II.—(3) paragraph 2 (cols. 269-270),
        (4) part of paragraph 40 (col. 291);

BOOK III.—(5) Preface (cols. 301-303),
        (6) part of paragraph 1 (col. 304),
        (7) part of paragraph 6 (cols. 306-307);
        (8) paragraph 11 (cols. 309-310),
        (9) paragraphs 21 through 24 (cols. 315-317). [Here there is a lacuna of approximately two folios (four pages)].
        (10) most of paragraph 31 (cols. 321-322).

Other differences are insignificant with the exception of the ending on 74r from the words "oliva speciosa" on through the next to the last sentence. These 11 or 12 lines do not occur in Migne but may be found in Boninus Mombritius' *Sanctuarium seu vitae sanctorum* [4] which first appeared around 1480.

As indicated above, however, only two major lacunae can be found in the Old Portuguese manuscript. No other omissions have any serious effect on the continuity or meaning of the narration.

---

[4] Boninus Mombritius, *Sanctuarium seu vitae sanctorum* (Paris: *Apud Albertum Fontemoing*, 1910), Vol. I, pp. 175-228.

III. Summary of the Text

Book I (1r-32v). In the prologue the author, William of St.-Thierry, states that he is writing this book because he feels that his end is drawing near and he wants to leave behind a record of Bernard's life. (1v)

Bernard's parents, Tescelin and Aleth, are described. In a dream she had before Bernard's birth Aleth saw a white dog in her womb. This was interpreted to her as meaning that she would have a child who would become a great defender of the church and bark out against the enemies of the faith. The child, together with his five brothers and one sister, was dedicated to God and they were all brought up in a religious, almost monastic life. (2v)

As soon as possible Bernard was sent to study at Châtillon where he soon revealed his talent and virtuous nature. Once when he was ill, a woman was summoned to cure him with magic spells but he forced her to leave and recovered without her aid. One Christmas eve as a boy he had a vision of the birth of Christ. Meanwhile Aleth, after having led a nun-like life in her own house for several years, died a Christian death. (4r)

Bernard's companions tried to lead him astray into their own godless, pleasure-loving existence. When he felt the temptation of the flesh on one occasion he got into a pond of very cold water up to his neck. Another time when a girl was put in his bed he repelled her. On still another such occasion, when the landlady at an inn got into his bed, he cried out "Thieves, thieves" and roused the household three times in defense of his chastity. (5v)

About this time Bernard learned of the newly established order at Cîteaux and decided to go there. His brothers and friends attempted in vain to dissuade him. The memory and visions of his mother reproached him for delaying, and his purpose was strengthened to such an extent that he converted all of his brothers, except the youngest who remained with the father. Even his married brother Guy obtained his wife's consent after she was afflicted with serious illness. As was customary in such cases, she entered a convent. Gerard, another brother, was convinced when a prediction of Bernard's came true. (8v)

Bernard also preached to many outside of his family and converted a number of people, including his friend Hugh of Mâcon who had originally tried to alienate Bernard from religious life. The youth's persuasiveness was such that mothers hid their sons from him, and wives, their husbands. (9v)

At first Bernard, his brothers and other companions in religion lived in a house in Châtillon in secular habit. It was not until the year 1111 that Bernard, aged 22, entered the house at Cîteaux with more than thirty companions and submitted his neck to the gentle yoke of Christ. (11r)

During his novitiate Bernard subjected himself to the severest mortification and showed no interest in the things of the senses. He slept little and ate less. Actually his stomach was such that he was able to take only enough food to stave off death. In his humility he considered himself the most unworthy of the novices and when the other monks did skilled work, Bernard tried to compensate by doing more than his share of drudgery while praying or meditating at the same time. Once when he was not able to aid the monks in harvesting grain, he began to weep and pray that the Lord might give him skill to harvest. From that day on he was the best worker. Never, however, did he neglect studying and he came to acquire a very thorough knowledge of the Bible and other sacred writings. (14r)

Stephen Harding, the Abbot of Cîteaux, resolved to found a monastery at Clairvaux and chose Bernard for abbot, despite the latter's tender age and sickly body. The site was in the diocese of Langres near the Aube river. Much wormwood was found there and for this reason (and also because robbers hid there and inflicted bitterness on the travelers) the region was called "Wormwood Valley" (Vale Abssemçiall). Although the beginnings were very humble, the monastery prospered. Bernard's faith and lofty examples protected the monks during the hard times that followed. Once when there was no money to buy food a woman appeared with an offering in excess of the amount needed — in answer to the Saint's prayers. (16r)

Bernard's gift of persuasiveness grew continually. Eventually even his aged father came to join his sons at the monastery. Bernard's married sister who had been leading a very worldly life was converted, and after two years followed the example of Guy's wife. (17v)

Since the diocese of Langres was vacant, Bernard was sent to Châlons-sur-Marne to be ordained as abbot by Bishop William. Although some laughed at such a young abbot, the bishop immediately recognized his true merit and they became close friends. When afterwards Bernard became ill, it was Bishop William who obtained authority to force Bernard to give up his duties for a year and receive treatment. (18v)

It was at this point that the author of Book I first saw Bernard and developed a lifelong attachment for him. He described the simplicity and industry of the monks. In its solitude and remote location Clairvaux may be said to represent the cave in which Saint Benedict lived. (20r)

After his year of retirement and convalescence was up Bernard returned to his previous rigorously ascetic life; the same meager rations and fasting, the same wearing of a cilice, and the same participation in hard labor. His stomach ailment returned and he suffered greatly.

In proof of his divine mission Bernard began to perform miracles.

[Lacuna between 23v and 24r. Since there is a break in the meaning between the two folios of the MS. it is obvious that something has been lost from the Portuguese translation, approximately four folios. A summary of the omitted portion follows:

Josbert from La Ferté-sur-Aube became mortally ill but was unable to confess because of the loss of his speech. Bernard was summoned and said that Josbert was thus punished for having oppressed the church and offended God. If those things he had taken from the church were restored, he would recover his speech and be able to confess his sins and receive extreme unction. This all came to pass as predicted.

Bernard cured a child with a withered hand and twisted arm.

Bernard's brother Guy and his uncle Galdric reprimanded him for his presumption in healing the sick. Passing by Château-Landon Bernard made the sign of the cross over a man with an ulcer on his foot and he was cured in a few days.

About the same time Galdric was attacked by serious fevers and called upon his nephew for help. Bernard was able to cure him.

After Galdric's death several years later, the older man appeared in a dream to his nephew.

One of the brothers in the monastery after his death appeared to Bernard in a vision and complained that he had been given over to four lizards. Bernard, after saying some prayers, had the satisfaction of learning in another vision that the brother had been liberated from his keepers.

Humbert, afterwards the builder of the monastery at Igny, suffered very severely from epilepsy while at Clairvaux, but he was cured by Bernard.

Although there was a famine in France and the harvest at Clairvaux was very small, the monks even after distributing food very generously among the poor were able to survive until the new harvest.

A man was freed of a spell put on him by his adulterous wife.

Bernard was once outdoors dictating a letter in a pious cause when it began to rain. He told the scribe to continue writing since they were carrying out the work of God. The rain had no effect on the paper or letter.

A monk who had been ordered not to participate in Holy Communion presumed to approach the altar one day but, after Bernard's prayer, he was unable to swallow the Host until Bernard absolved him.

The greatness of Bernard's work was also demonstrated in small things. At the dedication of an oratory at Foigny the ceremony was disturbed by a great multitude of flies. Bernard excommunicated them and the next day the floor was covered with so many dead flies that they had to be removed with shovels.

At Charlieu Bernard found a boy who had been weeping for many days without ceasing and had wasted away. After hearing his confession and giving the youth the kiss of peace, he accomplished another miraculous cure. [The text resumes at this point.] (24r)

A group of knights who refused to give up their tourneys during Lent were converted by Bernard's prayers.

Another miracle was the recognition of Bernard's saintliness by the infant Walter of Montmirail (24v).

During an illness Bernard had visions of a dispute between God and Satan over his soul. After a miraculous appearance of the Virgin, St. Lawrence and St. Benedict, he was cured. William of

St.-Thierry (the author of this book) became ill and went to Clairvaux. There while he was convalescing he spent much time with Bernard and wrote down all that the latter said. (26v)

The fame of Bernard and Clairvaux began to spread throughout the region. The bitter and sterile "Wormwood Valley" became a clear and fertile valley. Men came from all parts to be Cistercian monks. Houses were founded in Châlons, Paris, Mayence, Liège and many other places. Bernard always took a paternal interest in all his followers, present or absent. (28r)

Bernard's spirit of prophecy was demonstrated when he recognized that Stephen of Vitré was not a sincere convert and would not remain at the monastery, since he had been sent by the malign spirit. Everything turned out as predicted. (29v)

Many miracles are enumerated: the return of a horse to its owner, the cure of a woman possessed by the devil, the conversion of the Duchess of Lorraine after seeing a vision, and the monk Nicholas whose weakness for the world prevented him from repenting until Bernard's prayers obtained for him the gift of tears. (30v)

Bernard's love for spiritual things always caused him to reject high church offices and prevented him from envying others. (31v)

(At this point William's death interrupts the biography, as explained in a note by Burchard Abbot of Balerne.) (32r)

BOOK II (32v-60v). Ernaud of Bonneval proclaims in the preface his inability to do justice to his great subject. The monks of Clairvaux would be the logical ones to write of their master but their humility is such that they are ashamed to write of themselves or to publish their deeds, since the glory they seek is that of the cross and not that of the pen. Thus after the death of William of St.-Thierry the task of completing the biography of Bernard was imposed upon Ernaud. (33r)

About this time Pope Honorius II died [1130] and although the cardinals did not agree unanimously on the choice of his successor, the majority elected Innocent II [1130-1143]. On the other hand, the minority supported Peter Pierleoni who became the antipope Anacletus II. His followers not only were wealthy but they sacrilegiously laid hands on the golden objects in the churches (employing Jews to break up the crucifixes) and with this wealth they organized armed combat against the forces of Innocent. Finally the pope was forced to leave Rome. (34r)

In France, where the people were never inclined to schism, a council was convoked at Etampes and there Bernard eloquently defended Innocent's claim to the papacy. Meanwhile the pope came to France and in Orleans was received by King Louis VI. He proceeded then to Chartres where the English King Henry I was persuaded by Bernard to receive him against the advice of the English bishops. Afterwards [in 1131] St. Bernard accompanied the pope to Liège where Lothar II, the Holy Roman Emperor received the pope, although not without demanding the return of the investiture of the church [which had been surrendered in the Concordat of Worms in 1122]. Bernard here as always was a staunch defender of church rights. (35v)

The pope visited Clairvaux and was much impressed by the simplicity, poverty and devotion of the monks. Even so, one of the monks was possessed with a devil but was cured by prayer. (36r)

Innocent returned to Rome but Peter Pierleoni still was more powerful and drove the true pope out of the city for the second time. In Pisa a great synod was held and the excommunication of Anacletus was decreed. After this council Bernard, together with Bishop Geoffrey of Chartres, was summoned to reconcile the schismatic inhabitants of Milan. Even before his arrival in that city he was welcomed by the people who quickly gave up all adherence to the cause of the antipope. (37v)

A woman who had been possessed with a devil for seven years was cured by Bernard and immediately his fame increased and spread throughout the neighboring regions. Other persons possessed with evil spirits were brought to Bernard and similar miraculous cures were effected. (41v)

Once when Bernard was visiting the Bishop of Albano a boy with a withered hand asked for help. Bernard somewhat impatiently blessed him and sent him away, whereupon the bishop asked him to take pity on the boy. Then the cure was realized and the bishop was so impressed that he ordered his servant to preserve the bowl from which the saint had eaten. Afterwards when the bishop had a great fever he remembered the bowl and ate sops of bread from it and became well. (42r)

The abbot of Clairvaux then proceeded to Pavia where he cured another woman tormented by a devil. This devil very impudently spoke through the woman and said that Bernard, the eater of leeks and cabbage, would not cast him out. In further conversation the evil spirit said that he had seen Jesus before falling from glory with Lucifer. After the woman returned home she had a relapse and upon receiving a second cure she requested Bernard to give her a paper that she might wear around her neck to keep the devil away. Other cures performed at this time included a man who barked like a dog and a woman possessed with a devil who through her spoke in both Italian and Spanish. (44v)

Bernard out of humility and modesty rejected the many high ecclesiastical positions offered to him, including the bishoprics of Langres, Châlons, Genoa, Milan, Liguria and Rheims. (46r)

Finally returning from Italy Bernard was welcomed by his monks who during his absence had continued united in Christian charity. Afterwards some of the brothers convinced Bernard that the monastery was too small and should be moved to a more spacious location. At first, he objected that the world would say they were fickle or else very wealthy, but the monks were able to persuade him by saying that God would provide. Count Theobald and other nobles, bishops and merchants all contributed generously and the monks worked very hard in the building of the new monastery. Finally it was completed and continued to grow. (48r)

Meanwhile, in Aquitaine Bishop Gerard was fomenting schism in support of Anacletus II's cause. William, the pious bishop of Poitiers, was removed from office and many other wicked acts were committed. Geoffrey, the bishop of Chartres, whom Innocent had entrusted with the affairs of Aquitaine, requested Bernard to see what he could do. (49r)

Bernard agreed to go after he had taken a group of monks to a new monastery near Nantes. In that region a woman who was tormented by an incubus was cured, but only after Bernard obtained for her the public prayers of a whole congregation. (50r)

Bernard with Bishop Joscelin of Soissons went to Aquitaine and celebrated mass in Poitiers. Afterwards a sacrilegious dean who broke the altar was tormented and killed by devils. (50v)

In a meeting near Parthenay William of Aquitaine agreed to listen to Bernard and after having an epileptic fit was convinced that Innocent was the legitimate pope. Bishop Gerard alone persisted in the schism and died unshriven. (52r)

Again the abbot of Clairvaux was summoned to the aid of the pope, this time to Rome, where he converted many of Anacletus' followers to the cause of Innocent. Then he and Peter of Pisa were invited to Sicily to defend the causes of the pope and antipope, respectively, before King Roger II. At that time there was a war going on between the king and Duke Rainulf of Apulia, and when Roger refused to accept the advice of Bernard to abstain from battle he was defeated by the duke. Then Bernard and Peter of Pisa defended their respective candidates but Bernard was so much more convincing, that Peter of Pisa immediately abandoned the schismatic faction. The king, however, in his greedy desire to keep papal territories he had siezed, did not recognize Innocent's claims. (55v)

On his return to Rome Bernard stopped in Salerno and there cured a sick man whom all the famous physicians of the city had been unable to heal. (56r)

About this time [1138] Peter Pierleoni died and his successor [Victor III] soon surrendered to Innocent. When peace was restored to the church Innocent rebuilt many churches and established others, including a monastery at Tre Fontane (Aquae Salviae). He requested that monks be sent from Clairvaux to occupy it. Many monks from Clairvaux had by this time become bishops in important cities of Italy, Switzerland, Germany, Flanders, France, England, and Ireland.

After the death of Innocent and of his short-lived successors, Celestine II [1143-1144] and Lucius II [1144-1145], Bernard of Pisa, the first abbot of the Monastery of St. Anastasius, became pope under the title of Eugene III. During the ensuing dissension in Rome, Eugene went to Rheims and thence to the mother-house at Clairvaux where with his humility he demonstrated that he had not forgotten his monachal beginnings. After the return of the pope to Italy Bernard wrote for him a book of great usefulness on divine nature. (58v)

Count Theobald of Champagne was a special friend and protector of Bernard and under the latter's guidance he became well known for his charity and devotion. When his territory was invaded and devastated, Bernard persuaded him to bear it in the same spirit as Job. After a while reconciliation took place between the count and his enemies. (60v)

Book III (60v-74r). [The Preface to this book written by Geoffrey is omitted.] A description is given of Bernard's physical appearance: thin, yellowish-whitish hair, somewhat reddish beard, a little over medium height, rather weak. His customs, eating habits, sedentary life, devotion to study are all mentioned. (62r)

After spending years at Clairvaux Bernard decided to visit St. Hugh the Bishop of Grenoble and the friars of Chartreuse. He was received with great honor but some of the monks found the blanket on his mount a bit too fancy. When Bernard heard of this he was very surprised and wondered what kind of blanket they were talking about. During the long trip on the borrowed animal he had never noticed the blanket. This lack of attention to material things impressed everyone greatly. (62v)

Bernard was always humble and modest but still he had excellent qualifications for preaching. His voice was rather strong and he was able to adapt his sermons to the audience, whether it was composed of peasants or scholars. He was eloquent and mellifluous to such an extent that Germans hearing him were moved to great devotion even before they heard the translation of his words. His great knowledge of the Scriptures allowed him to use them freely and advantageously. He never sought material rewards or honors through his preaching. (65r)

After the failure of the Second Crusade [1149] Bernard was criticized but in his defense it must be remembered that he preached the crusade only after the King of France and the pope requested him to do so. Proof of divine approval of the crusade could be seen in the many miraculous cures that Bernard worked at that time. Although the eastern church was not freed, still the heavenly church rejoiced at the sacrifices of the crusaders. Bernard said that if people were to murmur he preferred that it be against him and not against God. When news of the defeat of the Christian armies reached France, a man brought a blind boy to him. Bernard then prayed that if the spirit of God had been in his preaching when he preached the crusade God might heal the boy. Whereupon the boy cried out: "I see." (66r)

Bernard was always strong in fighting schism and heresy of any kind. When Peter Abelard began to teach his errors, the abbot of Clairvaux spoke out against them. Peter Abelard had him summoned to a council in Sens [1140] where his doctrines were proved by Bernard to be erroneous. Peter, however, appealed to the pope who finally condemned his doctrines. Likewise in a council in Rheims Bernard demonstrated the error of the teachings of Gilbert de la Porré. (68v)

In Toulouse a former monk named Henry taught a perverse heresy and was so successful that the people were left without the sacrament of baptism or any of the other sacraments or rites of the church. Again Bernard came to the aid of the church and called the people back into the fold. To prove the truth of his teachings near Sarlat he blessed loaves and said that if he was telling the truth the sick who tasted the bread would be healed. When this was done as he had predicted, the fame of the saint spread through the region. Afterwards he cured a paralytic in Toulouse. (70r)

Perhaps more wonderful than the miracles Bernard performed was his modest way of interpreting them. He considered himself merely the Lord's instrument and in no way believed that the miracles proved any special worthiness on his part. (70v)

[Lacuna between 70v and 71r. Approximately two folios have been lost from the Portuguese translation as is obvious from the break in the meaning. A summary of the omitted portion, based on the Latin original, follows:

Bernard was very affectionate but his faith was so strong that he, who normally wept at anyone's funeral, forced himself to keep his eyes dry at the funeral of his own beloved brother Gerard, so that his affection might not seem to overcome his faith. Indeed, it is hard to believe that even Solomon in all his glory ever attained such universal favor as Bernard in his humility. He was famous in and received letters and gifts from Ireland and Spain and as far north as Sweden. His followers went to many regions (except to the region of Jerusalem because of the attacks by the pagans and the intemperateness of the climate). But the more he was elevated by the opinion of others, the more he abased himself in Christian humility.

Bernard was outstanding for his great patience, and as he said that there are three kinds of patience — in enduring verbal offenses, harm to one's property, and injury to one's person — examples are given of the saint's patience in each category.

Once after reprimanding a certain bishop by letter ("Joscelenum, episc. Suessionens, epist. 213" according to Migne footnote 65, col. 317), Bernard received a reply beginning "Salutem, et non spiritum blasphemiae." Bernard replied very humbly that he did not think that he had written in a spirit of blasphemy and thenceforth he continued to love the bishop as though the incident had never taken place.

To show the saint's patience in suffering the loss of material things: when six hundred marks that were collected for the foundation of a monastery at Farfa, Italy were lost, Bernard remarked: "Blessed be God who has spared us the burden. And on the other hand those who took it away should be easily forgiven, for they are Romans, and the money seemed enormous and this temptation was mighty."]

Bernard's patience in forgiving insults was demonstrated by his gentleness with a monk who came asking to be admitted to Clairvaux. When Bernard said he did not need to change cloisters to attain spiritual perfection, the infuriated monk insulted and struck him. Bernard readily forgave him. When necessary, of course, Bernard did reproach those who deserved it, but he did so very considerately and only because he deemed it his duty. When the person he reproved did not mend his ways, Bernard received little consolation from merely having done his duty. He desired above all the conversion and salvation of souls, but he also sympathized with man's corporal needs. His love even extended to irrational animals. One day, for example, he made the sign of the cross and freed a rabbit who was being pursued by hunters, and then he told the hunters that they would not catch it while he was present. (73r)

Although the author has tried to describe Bernard above, it is in the saint's own writings that he may best be seen. Various works are mentioned such as *Degrees of Humility, Praises of the Virgin Mother, Apologetic, Grace and Free Will, Sermons on the Song of Songs* and his letters. (73v)

Certainly Bernard sought nothing for himself. How many schisms did he not repair, how many heresies did he not overcome, how many good causes did he not favor and how many evil ones did he not oppose? He was the friend of the needy, the consoler of the sad, the physician of the sick and the servant of all. Every honorable gathering shone with his presence and appeared dark and silent when he was absent.

And now the second book, as was promised [by Geoffrey], will tell something about the external signs that proved Bernard's virtue. [The second Book by Geoffrey or the Fourth Book of the *Vita*, not included in the Portuguese manuscript, deals principally with Bernard's gift of prophecy and miracles.] (74r)

IV. Editing the text

An eclectic method has been adopted with the aim of producing a faithful yet readable text, though not a purely diplomatic edition. This represents a sort of compromise between the so-called paleographical edition and the regularized critical edition in which the orthography is modernized whenever the pronunciation is not affected. As Professor Holmes says, "For me an Old Portuguese text is like any other text, intended to be read by modern readers — and not just deciphered." [5] This view is also supported by various Portuguese and Brazilian scholars and is perhaps best expressed by Manuel de Paiva Boléo:

"Publicar um texto, a pretexto de fidelidade, tal qual está no original (oxalá não sucedesse transcrever-se muitas vezes o que lá não está!), deixando ao leitor todo o trabalho de interpretação, e esquecendo que muitas dificuldades só podem ser resolvidas por quem demoradamente estudou o documento, é critério que já hoje se não pode sensatamente defender, salvo para as edições diplomáticas." [6]

Of course, this is not justification for carelessness or overpopularization, for in the words of the same philologist:

"Se há pormenores de que não é necessário informar a cada passo o leitor (p. ex., no que se refere à anarquia no uso de maiúsculas) há outros em que é de toda a conveniência fazê-lo, quer no texto, quer em notas." [7]

---

[5] Urban T. Holmes, Jr. "Review of Joseph H. D. Allen, *Two Old Portuguese Versions of the Life of Saint Alexis*," *Symposium*, VIII, 1 (Summer 1954), 186.

[6] Manuel de Paiva Boléo, *Introdução ao Estudo da Filologia Portuguesa* (Lisboa, 1946), p. 122.

[7] *Ibid.*

Suggestions followed in preparing the present text have been found in the works of the above authorities and also in those of Mario Roques [8] and Serafim Silva Neto. [9]

This edition is not paleographical in that it contains a number of changes introduced to facilitate reading while respecting insofar as possible the language of the medieval translator(s) and scribe(s). The changes allowed are listed below:

1. *Abbreviations*: All abbreviations (including symbols such as 7 "e") are expanded according to the most common full form found in the manuscript, except for the nasal *til*. The nasal *til* normally does not indicate an *m* or *n* sound as in other languages but rather nasalization of the vowel just as it does in modern Portuguese.

Roman numerals have not been expanded nor has *.s.* for Latin *scilicet*. The former because they are customarily used in this form, and the latter because no Portuguese expanded form has been found. Occasional words appear always in the abbreviated form (e.g. *Jhu* and *Xpo*) and such words have been written according to the orthography used in other Alcobaça manuscripts of the same period. [See *Christo* and *Jhesu Christo* in the Table of Proper Names.]

2. *Orthography*: The spelling of the manuscript is respected throughout except for *i / j* and *u / v* where modern usage is adhered to in order to facilitate reading. In the case of letters with various forms, such as the long and short *s*, the modern form is used. In the case of double nasal vowels, the *til* has been uniformly placed over the first of the two even though the manuscript commonly has this sign between them. Hyphens are used to connect verb and object as in modern Portuguese. Accents are not used as they do not appear in the manuscript.

3. *Capitalization*: Modern Portuguese usage is followed.

4. *Punctuation*: Modern signs of punctuation are used sparingly to show the editor's interpretation of the text. Apostrophes are employed only to indicate contractions that do not exist in normal present-day Portuguese.

---

[8] Mario Roques [Rapporteur], "Etablissement de règles pratiques pour l'édition des anciens textes français et provençaux," *Romania*, LII (1926), 243-249.

[9] Serafim Silva Neto, *Manual de filologia portuguesa* (Rio de Janeiro, 1952), 293-296.

5. *Correction of errors*: Obvious errors are corrected when this is required by the sense and the Latin original, but in all such cases the manuscript form is given in the notes. Marginal or interlinear corrections in the manuscript are used without comment except when they appear to be erroneous. The omission or incorrect use of the *cedilha* or *til,* however, are rectified without mention since they are extremely common. Suggested corrections consisting only of added letters or words are included in square brackets without further comment.

6. *Numbering of folios*: Indication is made of the beginning of each page of the manuscript.

7. *Division into paragraphs*: The divisions of the manuscript are all respected, even when the subject matter does not seem to justify them. Additional new paragraphs are made sparingly whenever a change in subject seems to require it. Indications in English of the general content of sections have been inserted in square brackets at the head of each division.

In addition to the text itself the following supplements have been included in this edition:

1. *Notes*: Indication is here given of all readings that differ from the manuscript in any manner not listed above. Quotations, principally from the Bible, are identified and marginal notes in the manuscript are reproduced here.

2. *Table of Proper Names*: This table contains a full list of personal and place names contained in the manuscript with a brief identification of each whenever possible.

3. *Glossary*: This index attempts to list all words in the manuscript which either are not common in modern Portuguese or differ from modern forms in spelling or meaning. Words which when pronounced would be intelligible to a modern speaker of Portuguese are generally omitted from this glossary.

V. Linguistic study

The present manuscript is written in a fairly standardized form of older Portuguese and does not reveal any significant peculiarities that distinguish it greatly from other manuscripts of the same period. It is, of course, later than many of the best known *cantigas* and does not exhibit many of their Galician-Portuguese archaisms. Since we are dealing with a translation and a rather literal one, there appears to be no tendency on the part of the translator to strive for a "literary" style. Considerable Latin influence may be noted in vocabulary and syntax.

1. Phonology and Orthography

No attempt will be made to give a complete description of the language, but rather a list will be presented of its principal peculiarities in comparison with modern Portuguese. Orthographic characteristics will be considered together with phonology since in many cases they cannot be separated.

A. *Accented Vowels*

1. *a* is doubled when required by etymology: *aas* (31r).

    aa is frequently found where the etymology calls for a single vowel: *quaaes* (1v); *geraaes* (2r); *tomaay* (5v); *mãaos* (2r).

    a for *o*: *fame* (14v).

    a for *e*: *antre* (13v); *çarres* (42r).

    auga (4v) and *aucto* (= *acto*, 4r) show special developments.

2. *e* is doubled when required by etymology: *meesmo* (4v); *seer* (1r); *meestre* (2v); *lee* (3v).

    e is occasionally doubled when not justified by etymology: *çeeo* (6r).

    e for *ei*: *candea* (5r); *meo* (14r).

    e for *i*: *aquelo* (33v); *esso* (63r); *esto* (1v); *consego* (2r).

    e for *a* in the preposition *pera* (1v). *Para* is never used in this text.

    e is used in the uncontracted infinitive *poer* (24r) and in all its compounds.

3. *i* appears doubled in *conviinha* (4r) and *tiinha* (4r) although not consistently.

i for *ī*: *asi, asy* (1v).
ĭ for *i*: *vinr* (7v) for modern *vir*.
i is used interchangeably with *y*: *seys* (2r); *tynha* (2r); *muyto* (2r); *queyma* (6r).
spritu (12r) and (*e*)*spiritu* (8v) both appear but the more Latinized form is more common.

4. *o* occurs doubled when required by etymology: *bõo* (1v); *coonigos* (2v); *door* (3r).
  o is also doubled when not required, particularly in the ending -*õoes*: *razõoes* (1r).
  o for *ou*: *troxe* (6r), although generally *ou* and *oi* are used as in modern Portuguese and with the same variability.

5. *u* is doubled in *hũu* (1r), as required by the etymology, and by analogy in *hũua* (1r) frequently.
  u is doubled although unjustified etymologically in *comũu* (9v).
  u instead of *o*: *cũgroo* (62r); *fuy* (= foi, 13r); *cũ* (9r).
  uy for modern *u* is found in the old popular form *frruyto* (11r).
  auc- for *ac-*: *aucto* (4r).

6. The three suffixes that give modern -*ão* are usually differentiated:
  Latin -*anu* is usually -*ão*; *mãaos* (2r).
  Latin -*one* (also -*um* and -*unt*) is normally -*om* or -*õ*: *presunçom* (1v); *nõ* (1r;) *soom* (= sum, 17r); *som* (= sunt, 1r).
  Latin -*ane* is usually -*am*: *pam* (35v); *cam* (2v).
  There is, however, already a slight amount of confusion:
    baram (32r) and *barõ* (39r); *pam* (35v) and *pom* (35v).
  Estom (= *stant*) is normal although *estam* also occurs.

B. Unaccented Vowels

1. *a* for *e*: *sagredo* (32r); *sagral* (10r); *avitar* (16r); *aficaz* (31v); *dayam* (= *deão*, 50v); *avangelho* (40v).
  a for *o*: *devaçõ* (4r).
  Confusion of *a* and *ai* in *mais* (= *mas*, 5v), but only in this word.
  Aphaeresis of *a* in *dovas* (8r); cf. *aduvas* (8r).

2. *e* is doubled etymologically: *teedor* (2r); *aqueeçeu* (4v); *geeraçõ* (2r); *meezinha* (2v).

e for *i*: *dezer* (1v); *feuza* (1v); *devinal* (1v); *fegura* (37v); *leçença* (17v); *quesesse* (7r); *egreja* (1r - here the spelling with *e* survived into modern times); *edeficou* (56v); *ēplicar* (6r); *ēpoer* (33r).

ē for *e*: *ēlecto* (33v); *emleger* (33v) and derivatives.

e omitted from ending -õ[o]es: *ladrõos* (5r).

Final *e* omitted in *carçer* (7v) and on rare occasions in *el* (16r) and *aquel* (13v).

Final *e* existing where it has now disappeared: *pose* (7r); *fize* (1r); *puse* (1v).

e in interior posttonic syllable: *carega* (12r) and *leteras* (2v).

asesegado (3r) from *sessicare represents a more etymological form than modern *sossegado*.

3. *i* for *e*: *milhor* (2r); *quiria* (6v); *entindimento* (7r); *infirmidade* (19r); *īsinado* (64r); *abriviando* (54r).

ĩ for *i*: *vinra* (= *virá*, 7v).

i and *y* used interchangeably: *milhor* (2r) and *mylhor* (1v).

4. *o* is doubled when required by etymology: *poboo* (3r).

õ for *am* or *ão*: *forõ* (1v); *começarõ* (6r); *souberõ* (6r); *ouvirõ* (3v); *bençõ* (3v).

o for *u*: *fromento* (27v); *prodençia* (7r); *continoar* (1v); *lingoa* (2r); *sobir* (8r); *emcobrir* (8v); *cayo* (= *caiu*, 3r); *coriosidade* (13r); *dovidante* (69r); *molher* (5r).

o for *e*: *vespora* (7v); *conhoçeu* (8r).

oi and *ou* are generally used as in modern Portuguese but in *oucioso* (20r) the *ou* represents modern *o*.

5. *u* for *ui*: *cudar* (26v).

u for *o*: *cumũu* (13r).

u for *p*: *Seutuagesima* (26r).

C. *Consonants*

1. *b* for *v* in the word *poboo* (3r) (*povoo* occurs on 70r).

b for *u*: *absente* (46v).

final *b* in *sob* (2r) is usually omitted: *so* (4r); *soo* (60r).

2. *ch* for [k]: *anichilar* (28v); *archa* (51r); *choro* (19v); *monachal* (2r).
   ch for *j*: *cachado* (41r).
   c + cons. for *i* + cons.: *provectasse* (2v); *lecte* (2r); *nocte* (3v); *fecto* (2v); *perfecçom* (5v) cf. *perffeiçõ* (3r).
   silent *c* in *lecterado* (29v); *acto* (= *apto*) (6v); *dicta* (7r); *tractado* (3v); *sanctas* (2v).
   ç for *c* before *e*, *i*: *açerqua* (1r); *Innoçençio* (33v).
   ç for *z*: *despreçado* (10r); *pureça* (61r), rare.
   ac- for *aut-*: *actoridade* (73v); *actor* (= *autor*, 56r).
   -nç- for *-nh-*: *gançar* (12r).

3. *ff* for modern single *f*: *ffalamento* (1v); *ffoy* (2r); *proffundo* (3v); *perffeiçõ* (3r).

4. *g* for *c*: *fornigador* (50r).
   g for *gu*: *garda* (7v); *garnicer* (31r); *mingava* (4r); *auga* (= *água*, 4v); *fidalgia* (5v); *gisa* (8r); *algē* (9v); *ētrege* (69r); *roge* (52r).
   g for *j*: *monga* (2r); *ango* (15v); *cagado* (49v); *fugam* (22v); *pelegar* (36v).
   silent *g* in *signal* (2r); *ensignança* (2r); and non-etymologically in *tegma* (?, 32v) and *lignagē* (53v). Misplaced in *maglino* (36r) and *begnino* (3r). Etymological *g* omitted in *dino* (1v).

5. *h* where not called for by etymology: *ho* (2v); *ha* (72r); *he* (1r); *hera* (23r); *hūu* (1r); *hindo* (6r); *hu* (5v); *hi* (1v); *rethiudo* (9v).
   h where required by etymology: *thesouro* (5v).
   h omitted when etymon has *h*: *aja* (1v); *avia* (5v); *ouve* (2v).

6. *j* is represented by *i* and ocasionally by *y*: *oie* (transcribed *oje*) (7r); *oye* (31r).

7. *k* is used only in the words *karidade* (7r) and *karisma* (74r).

8. *l* is often doubled where the etymology requires it: *todollos* (3v); *pollo* (1r); *daquelle* (1r).
   l is doubled unnecessarily in *quall* (2v); *pllantaçõ* (5v); *dellegase* (54r).
   l for *n*: *convilhavel* (1r).
   l for modern *d*: *leixar* (1r).
   l for modern *r*: *alvidro* (32r, = *arbítrio*); *regla* (57r.)

l is omitted in the popular form *sayva* (51v) corresponding to the modern learned form *saliva*.

9. *m* as a sign of nasality of the preceding vowel is used interchangeably with the *til* or *n*: *em* (1r); *ẽ* (1r); *en* (2v); *emviar* (2r); *emcobrir* (8v).
   m for modern *n*: *gramde* (divided: *gram/de*, 37v).

10. *n* used where *m* is required now: *tenpo* (4r); *sinplez* (3r); *sonbreiro* (45v); *julgavon-se* (37r).
    n for modern *l*: *nenbrança* (12v).
    n omitted in *imiigo* (7v); *costranger* (6r).
    -nha for *-nea*: *soterranha* (8r).

11. *p* is non-etymological and presumably silent in: *solepne* (3v) [cf. *solennes* (3v)]; *escrepver* (1v); *discripço* (= 'discretion') (73v); *discripto* (23r).
    p for *b*: *supitamente* (15r).
    p for *i*: *açepto* (4v).
    pl for modern *pr*: *plazer* (14r); *plaça* (10v).

12. *qua* for *ca*: *açerqua* (1r) but *açerca* is much more common.
    quo for *co*: *quomo* (11r), rare.

13. *rr* initially is common: *rresponde* (2v); *rrevezes* (46r).
    rr for *r*: *erra* (= *era*) (18r).
    r for *rr*: *caregados* (5v); *ero* (19v); *arevatar* (26v); *moreo* (17r).
    r for Latin *l*: *segre* (6r); *prouvese* (6v).

14. *ss* initially is common: *Ssenhor* (3v); *ssecular* (5v).
    ss for *s*: *fremosso* (3v).
    s for *ss*: *noso* (1v); *posas* (7v); *podesem* (1v). [In many such cases a scribe has inserted an additional *s* above the line and this *s* has been consistently transcribed in the present text.]
    s is found in *despois* (1v).
    s + consonant is commonly found initially and not merely after a preceding vowel: *scondiã* (9v); *sgardamento* (46v); *spirar* (4v); *stormentos* (3r).

15. *t* instead of *c*: *presentialmente* (8v), scribal error?

16. *v* for modern *b*: *tavoa* (58v); *avondante* (16v); *aduva* (8r); *avoricivel* (36r). However, instead of *povoo* (70r) the alternate form *poboo* (37r) is much more common.

17. *x* for *j*: *beixar* (46r); *ēxeitar* (10r).
    x for *s(s)*: *extimar* (1r); *dixe* (= *disse*) (69 v).
    x for *is*: *ex* (29v); *lex* (37v); *rex* (31r).
18. *y* for *j*: *soyeito* (58v). This substitution is apparently merely orthographic and seems to have no phonetic significance. The use of *y* for *i* is similarly common [see above under treatment of vowels].

D. Sporadic Changes

1. Assimilation

a - e become   *a - a*: *patana* (38v).
e - a become   *a - a*: *avangelho* (40v); *çarrar* (42r).
e - i become   *i - i*: *pitiçõ* (18v); *īsinado* (64r); *lidiçe* (29v); *quiria* (6v).
i - e become   *e - e*: *leçença* (17v).
o - e become   *o - o*: *oforeçer* (23v).
o - u become   *u - u*: *cumuu* (13r).
l - r become   *r - r*: *Ingraterra* (35r).
n + s become   *s(s)*: *stormentos* (3r).
s + l become   *ll*: *todollos* (3v).

2. Dissimilation

e - e becomes   *a - e*: *sagredo* (32r); *daredor* (50v).
e - e become   *e - e*: *exarcito* (54v).
e - e become   *i - e*: *virgel* (47r).
i - i become   *e - i*: *devinal* (1v).
o - o become   *e - o*: *fremosso* (3v).
m - m become   *n - m* (*n*): *nenbrança* (12v).
r - r become   *r - zero*: *propio* (25r).
r - r become   *l - r*: *alvidro* (32r).

3. Aphaeresis

a-: *vogado* (67v); *dovas* (8r).
e-: before "*s* impure": *scondiã* (9v); *sgardamento* (46v); *spirar* (4v); *stormentos* (3r).

4. Apocope

-de: *gram* (35r); *em* (< *inde*, 37r).
-(l)e: *el* (16r); *aquel* (13v).
-s: *lhe* (= *lhes*, 8v).

In *Monbarõ* (2r, = Latin *Mons-Barrus*, French *Montbard*) the first syllable is probably not an apocopated form of *monte*, but rather it appears to be a borrowing from the Latin. The erroneous *til* shows the translator's ignorance of the name.

5. Prosthesis

e-: *esciencia* (23v).

6. Anaptyxis or Epenthesis

a: *pataranha* (28v).
c (silent): *lecterado* (29r).
p (silent): *solenpne* (3v); *escrepver* (1v); *discripçõ* (73v).
r: *freestra* (40r); *faldra* (37r).

7. Metathesis

vowel attraction: *i*: *contrairo* (41v); *aversairo* (25r); *u*: *auga* (4v).
r: *prefia* (60r, cf. *perfia*, 50v); *fremoso* (3v); *frol* (23v); *persença* (52r); *galrregar* (< *garrulare*?, 43r); *fratrenal* (65r); *proveza* (5v); *bulra* (6r); *detriminar* (5v); *faldra* (= modern *fralda*, 37r); *stormento* (3r).

8. Confusion of Prefixes

des- for modern *de-*: *despois* (9r) which by confusion of prefix has become *depois*.
ẽ-, em- for *e*: *ẽlecto* (33v); *emleger* (33v).
ext- for *(e)st-*: *extimar* (20v).
per- for *pre-*: *persença* (52r).
por- for *pro-*: *pormeter* (7r).

INTRODUCTION 37

pre- for *per-*: *prefia* (60r); *perfia* is also used (50v).
re- for *ra-*: *rezoadamente* (30v).

9. Contamination

antre (13v) by confusion with *ante*?

2. MORPHOLOGY

A. *Nouns*

Present-day *-ão* ending and its plural form are usually etymological: *presunçom* (1v); *cam* (2v); *christãaos* (2r); *cãaes* (2v); *ēncantaçõoes* (3r).

Changes in gender:
    Feminine: *cedro* (74r): *platano* (74r); *fim* (4r); *sinodo* (36r) (but *signodo* is masculine on 50v); *valle* (21v) (cf. *Claraval*).
    Masculine: *lignagē* (53v); *linhagem* (10r); but *linngoagem* (44v) is feminine.

B. *Pronouns*

The following variations from modern forms may be noted:
    Personal: *el* (16r); *ell* before *e* (13v); *ello* (21r) neuter 'it'; *ho* (= modern *o*) (2v); *ha* (72r); *lhe* (= modern *lhes*) (8v); *cõtego* (= modern *contigo* (51v); *comsego, cõsego* (3r); *si* (= modern *se*, perhaps a scribal error, 58v).
    Demonstrative: *aquelo* (33v); *esso* (63r); *esto* (16v); *sto* (54v); *aquel* (13v).
    Indefinite: *algũu* (2r); *cada hũs* (5r); *hĩu* (see Articles); *nēhũu, nemhũu* (3r).
    Relative: *quaal, quaaes* (1v).

C. *Adjectives*

Plural ending from Latin *-ales* is usually *-aaes*: *carnaaes* (11v). For adjectives now ending in *-ão*, see remarks on nouns above. The *-or* ending is used for the feminine: *pecador* (17r); *vingador* (49r).

ibil (or *-ibel*) is used for modern *-ivel* in the rare Latinisms *visibilmente* (6v); *tirribel* (39v).

grram (35r) is infrequently used before nouns for *grande*.

cumũu uses this form in the feminine (9v), but also *cumũas* (16r) and *comũuas* (27r).

D. Articles

Definite articles contract with *de* and *em* as in modern Portuguese and also with *por*: *pollo* (1r); and with *todos*; *todollos* (3v).

The forms of the indefinite article most commonly used are: *hũu* (1r) and *hũ(u)a* (1r).

E. Verbs

The regular verbs are generally quite similar to their forms in modern Portuguese. Some of the principal differences that would affect pronunciation (excluding purely orthographic hesitations) are:

First conjugation: *-õ* or *-om* is infrequently used as the ending in the pres. ind. 3rd pl. *-avo* is found in the impf. ind. 3rd sing. especially when followed by object pronouns *-o* or *-os*. *-avõ* and *-avam* are both used in the impf. ind. 3rd pl. The final *-m* may be replaced by *-n* before the reflexive pronoun *se*. In the pret. 3rd pl. the etymological *-arom* or *-arõ* is much more common than *-aram*. The pl. imperative usually ends in *-aay* but the older ending *-ade* is found also.

Second and third conjugations: There is some confusion between *-eo* and *-eu* or *-io* and *-iu* in the pret. 3rd sing. of these verbs. In the pret. 3rd pl. the etymological endings *-erom* or *-irom* are much more common than the modern forms. Verbs with the stem in *e* tend to change this to *i* in those forms that have an *i* in the ending: *siguia, aparicia, timia, sintiã, firio, quiria*, etc. although these same verbs also appear with *e* stems in the same tenses.

LIST OF IRREGULAR VERBS

(The following verbs are the principal ones that show significant variations from modern forms, but many purely orthographic variants are omitted. Obsolete forms of infinitives are given inside square brackets.)

[ADER]: pret 3rd sing. *adeo*; fut. 1st sing. *aderey*.
AVER: pres. part. *avendo*; past part. *avido*; pres. ind. 3rd pl. *ham*; pres. subj. 3rd sing *aja*; impf. ind. 3rd sing. *avia*; pret. 3rd sing. *ouve*; 1st pl. *ouvemos*; 3rd pl. *ouverõ*; impf. subj. 3rd pl. *ouvesem*; cond. 3rd pl. *averiam*.
CAYR: pres. subj. 2nd pl. *cayaaes*; 3rd pl. *cayam*; pret. 3rd sing. *cayo*.
COMER: past part. *comesto*.
[COMPOER]: impf. ind. 3rd. sing. *compoynha*.
[CONHOÇER] alternates with CONHEÇER.
[CONVINR]: pres. ind. 3rd sing. *convẽ*; impf. ind. 3rd sing. *conviinha*; pret. 3rd pl. *conveerõ*.
CREER: past part. *criudo*; pres. ind. 3rd sing. *cree*; imperative pl. *creede*; impf. ind. 3rd pl. *criiam*; pret. 3rd sing. *crreo*.
DAR: pret. 3rd pl. *derom, derã*.
[DESPOR]: pret, 1st sing. *despuse*.
DETEER: past part. *detheudo*.
DEVER: past part. *devudo, devido*; impf. ind. 1st sing. *divia*.
DIZER, DEZER: past part. *dicto*; imperative pl. *dizee*; pret. 1st sing. *dixe*; 3rd sing. *dise (desse,* 55v); 3rd pl. *diserom*.
[ẼPOER]: pres. part. *empoendo, ẽpoendo;* past part. *ẽposto*; pret. 3rd sing. *ẽpose*.
(E)SCONDER: past part. *escondudo* [in adverbial form: *escondudamente* (3v)].
(E)SCREPVER: pres. part. *screpvendo*; pres. ind. 1st sing. *escrepvo*; etc.
(E)STAR: pres. ind. 2nd pl. *estaaes*; 3rd pl. *estom, estam*; imperative pl: *staay*; impf. ind. 3rd sing. *stava*; 3rd pl. *(e)stavõ*; pret. 3rd pl. *esteverõ*; impf. subj. 3rd sing. *steves(s)e*.
FAZER: past part. *fecto, feito*; pres. ind. 3rd sing. *faze*; 2nd pl. *fazees*; imperative pl. *fazee*; pret, 1st sing. *fize, fizi*; 3rd sing. *feze*; 3rd pl. *fezerõ*; impf. subj. 3rd sing. *fezese*; pluperf, 3rd sing. *fezera*; fut, subj. 1st sing. *fezer*; 2nd pl. *fezerdes*.
HIR, IR: pres. part. *hindo*; past part. *hido*; pres. subj. 3rd sing. *vaa*; imperative sing. *vay*; impf. ind. 3rd sing. *hia*; 3rd pl. *hiam*; pret. 3rd pl. *forom*; condit. 3rd sing. *hiria*; 3rd pl. *hiriã*.

JAZER: pret. 3rd sing. *jouve*; impf. subj. 3rd sing. *jouvesse*.
[LEER] pres. ind. 3rd sing. *lee*; 3rd pl. *leem*; impf. ind. 3rd sing. *lya, liia*; impf. subj. 1st sing. *leese*; pret. 2nd sing. *liiste*; fut. subj. 3rd pl. *leerē*.
[MORER] pret. 3rd sing. *moreo*.
NASCER: past part. *nado* (used as adjective), *nascido*.
OUVIR: impf. ind. 3rd pl. *ouviom*; pret. 3rd pl. *ouverom, ouvirõ*.
PIDIR: pres. part. *pidindo, pidīdo*; impf. ind. 3rd sing. *pidia*; 3rd pl. *pidian*; pret. 3rd sing. *pidio*.
PODER: pres. subj. 3rd pl. *posom*; impf. subj. 3rd sing. *podese*; 3rd pl. *podesem*; pluperf. 3rd sing. *podera*; fut subj. 3rd sing. *poder*.
[POER]: pres. part. *poendo*; imperative sing *põi*; impf. ind. 3rd sing. *poinha*; impf. subj. 3rd sing. *posesse*; pret. 1st sing. *pusi*; 3rd sing. *pose, pos*; pluperf. 3rd sing. *posera*; fut ind. 1st sing. *poerey*; fut, subj. 1st pl. *posermos*; condit. 1st pl. *poeriamos*.
[POSPOER]: impf. ind. 3rd sing. *pospoya*.
PRAZER, alternating with [PLAZER]: pret 3rd sing. *prouve*; impf. subj. 3rd sing. *prouvese*; pluperf. 3rd sing. *provera*.
[PREPOER]: impf. ind. 3rd sing. *prepoinha*.
[PROPOER]: impf. ind. 3rd sing. *propoinha*.
QUERER: impf. ind. 3rd sing. *quiria, queria*; 3rd pl. *quiriã*.
REDUZIR: pret. 3rd sing. *reduxe*.
REFERIR: pres. subj. 3rd pl. *refeiram*.
RETEER; past part. *rethiudo*.
RIIR: impf. ind. 3rd pl. *riiam*; impf. subj. 3rd sing. *riise*.
SAIR: pret. 2nd sing. *saisti*; 3rd sing. *seyo* (error for the much more common *sayo*?)
SEER pers. inf. 3rd pl. *seerem, seerē*; pres. part, *seendo, semdo, sendo*; pres. ind. 1st sing. *som, soom*; 3rd sing. *he*; 2nd pl. *sõos*; 3rd pl. *som*; pres. subj. 2nd pl. *sejaaes*; imperative sing. *sey*; impf. ind. 3rd sing. *hera, erra* and in the sense 'sat' *siia*; pret. 3rd sing. *seve* (= 'sat'); 3rd pl. *forõ, forom*; fut. 3rd sing. *seera*; condit. 3rd pl. *seeriam*.
SIGUIR: pres. part. *siguindo*; impf. ind. 3rd pl. *siguiam, siguiom*.
SOER: pres. ind. 1st sing. *soyo*, 3rd sing. *sooe*; 3rd pl. *sooem*; impf. ind. 3rd sing. *soya*.
TEER: pres. part. *teendo*; pres. ind. 3rd sing. *tē*; 1st pl. *teemos*; 3rd pl. *teem*; impf. ind. 3rd sing. *tiinha*; 3rd pl. *tiinhã*; impf.

subj. 3rd sing. *tevese*; 3rd pl: *tevessem*; pret. 3rd pl. *teverõ*; fut. subj. 3rd sing. *tever*.

TRAZER: pret. 3rd sing. *trouve, trouxe*; 3rd pl. *trouverõ*; impf. subj. 1st sing. *trouvese*; pluperf. 3rd sing. *trouvera*.

VEER: pres. ind. 1st sing. *veyo*; 2nd sing. *vees*; 3rd sing. *vee*; 2nd pl. *veedes*; 3rd pl. *veem*; impf. ind. 3rd sing. *viia*; 3rd pl. *viiam*; pret. 1st sing. *vy*; 3rd sing. *viio, vio*; 3rd pl. *virõ, virã*.

[VĪIR, VINER, VINR]: impf. ind. 3rd sing. *viinha*; 3rd pl. *viinhã*; impf. subj. 3rd sing. *veese*; pret. 2nd sing. *veeste*; 3rd sing. *veo, veẹo*; 3rd pl. *veerõ, veerom*; pluperf. 3rd sing. *veera*; 3rd pl. *veeram*; fut. 3rd sing. *vinra*.

F. Adverbs

The adverbs in the present text require no comment except for a mere listing of some of the more obsolete forms: *aadur* (11v); *asi, asy* (2v, 10r); *asinha* (8r); *de boamente* (33r); *daredor* (50v); *despois* (11v); *d'i* (34r); *disi* (25r); *ergo* (5v); *ex* (29v); *hi* (1v); *hu* (5v); *quomo* (11r-*hapax*!); *tã* (1r). All of these forms are translated in the glossary.

G. Prepositions

In addition to the very common prepositions *a, cõ, com, de, ẽ, em*, and *sobre* which are phonetically identical to modern forms, the following prepositions found in the present text show some variations from modern forms or usage:

antre (13v) = *entre*.

ataa (10v) = *até*.

des (14v) = *desde*.

despois de (9r) = *depois de*.

per (1r) = *por* 'through, by', used interchangeably with *por*, but not in contractions with the definite article.

pera (1v) = *para*. The modern form never appears.

por (2r) = *por*, probably more commonly in the sense of 'for' but generally interchangeable with *per*. Commonly contracts with the definite article: *polas* (38r); *pollo* (1r).

pro (15r) = *por*, rare.

so, soo (5v, 60r) = *sob*.

H. Conjunctions

Ca (16v) and *despois que* differ from modern equivalents.

Mais and *mas* (5v), which are used interchangeably in sense of 'but', are simply alternate forms, representing more or less stressed forms of Latin *magis*.

Quomo (11r) for *como* may be a scribal error.

Rather awkward conjunctive phrases such as *como assy he que* (55r) (= Latin *cum*) are occasionally used, but they are all clear from the context.

3. SYNTAX

The syntax of the present text is fairly modern and does not offer great difficulties. As it is not the intent of this introduction to provide a complete description of the language, only those points which differ from modern Portuguese will be mentioned below.

A. Sentence Construction

In sentence construction the *Vida de Sam Bernardo* suffers from what Dinorah da Silveira Campos Pecoraro refers to as the basic defects of fifteenth and sixteenth century Portuguese prose: "a divisão do período e a conseqüente ligação das frases dentro do período." [10] Her explanation of these defects applies equally well to the present manuscript:

"Na divisão das orações constitutivas do período ora pecaram os escritores por excesso, colocando fatos e circunstâncias que deviam estar separados, ora por deficiências, separando aquêles que deviam achar-se juntos. Desta maneira, escreveram períodos que deviam ser desdobrados em vários outros, ou deixaram incompletos, inacabados aquêles que pensavam ser perfeitos." [11]

---

[10] Dinorah da Silveira Campos Pecoraro (ed.), *A vida de Santo Aleixo* (São Paulo, 1951), p. 142.

[11] *Ibid.*

In the present edition an effort has been made to break up longer sentences with punctuation and thus to facilitate the reading. This purely graphic device does not affect the style or language.

B. *Pronouns*

The only observation to be made here is on the position of object pronouns. The position of such pronouns is somewhat erratic in comparison with the theoretical, modern "grammatical" rules. The present text prefers to place the object pronouns before infinitives: *de o fazer* (1r); *polo nõ gravar* (1r); *por o remover* (1v); *que o podessem fazer* (1v); *pera lhe aver de dar* (3r); *pera o creçentar* (3v). Prepositional phrases may intervene between a preposition and a following infinitive: *pera ẽ elles ẽfundir* (2r).

C. *Adjectives*

The adjective forms derived from the Latin present participle are used more commonly than in present-day Portuguese, especially in an ablative absolute construction: *o Ssenhor obrante* (65v); *elle militante* (64v). The same form is frequently used in other cases where modern style would prefer a dependent clause or the modern present participle ending in *-ndo*: *se gloriante*; *gloria de fora desejantes*; *trazente humildade*; *lançãte odor de piedade*; *demostrante graça*; etc. (all on 63v).

The few apparent cases of incorrect agreement found in this text are probably mere scribal errors.

D. *Articles*

The article is used generally as in modern Portuguese. It is used with the possessive adjective or omitted with apparent indifference.

The masculine singular definite article *el*, as in modern literary Portuguese, is used only with the word *rey* and only immediately preceding this word, but not consistently so: *o glorioso Rey de Ingraterra* (35r); *el-Rey, Rey Luis* (35r); but *ao Rey dos Romãaos* and *o rey* (35v).

E. *Verbs*

In the use of tenses it may be noted that the simple pluperfect is used almost exclusively in preference to the compound pluperfect that is preferred today. The present perfect is rarer than in modern Portuguese.

The meaning of tenses is the same as at present with the possible exception of the present passive which occasionally seems to have a perfect or preterite meaning: *he feito bispo* (9r); *como dicto he* (13r); *des aquella ora som fectos* (18r).

Agreement is the same as in modern Portuguese, although the expression 'each one, everyone' is translated by *cada hũ(u)s* (5r, 20v) and hence takes a plural verb, whereas the modern language would use *cada um* and take a singular verb.

Participial phrases are more commonly used than at present. [See "Adjectives" above for the *-nte* form which tends to have a verbal meaning.] Because of the common Latin practice of introducing sentences with ablative absolutes, sentences in the present text often begin with present participles, sometimes preceded by the preposition *em*: *E ẽ falando asy* (9r). The following examples all taken from (9v) indicate the prevalence of this usage: *E ficando anbos asy soos*; *Vendo estas cousas o imigo*; *pagando* (= *preegando?*) *elle asy*; *E creçendo asi*; *profetizando todos*. The excessive use of this construction is responsible for the awkwardness in linking sentence parts smoothly and for the tendency to make sentences overly long.

Regimen of Verbs: The preposition used to connect verbs with following dependent infinitives is usually *de*, even with verbs that never use this preposition in modern Portuguese. Other verbs that now take any one of several prepositions prefer *de* in this text. Some examples are:

aprendese de conversar (16v); *cavidavan-se de o gravarem* (15v); *começou de braadar* (3r) (but *começava Girardo seer* [51r]); *costumava de pensar* (21v); *deseja de conheçer* (73r); *desposese de fazer* (73v); *detriminou de se recolher* (16v); *deviã de fugir* (20v); *escolhese de seer* (64v); *extimando de poder viver* (5v); *ousava de entrar* (9v) [but *ousavõ chegar* (51r)]; *prouve a Deus de revelar* (10r); *provar de fazer* (1v); *queda de se acusar* (23r); *recusou de fazer* (68r); *sooe de seer* (12r); *studou de aprovectar* (65r).

Tornou tomar (48v) omits the *a* that would normally precede the infinitive in modern Portuguese.

Past participles and adjectives are usually connected with a following infinitive by *de*: *acustumado de roubar* (48r); *ĩclinado de fazer* (50v); *neçesario de pereçer*; but *usado a comer* (13r).

In one case (43r) the preposition *sem* is followed by the present participle *fazendo* (scribal error?).

Seer and *estar*: These two verbs are used generally as today, but even now Portuguese displays considerably more vacillation than does Spanish in this respect.

Seer is used frequently where *estar* might be used at present: *sendo ... ocupados* (13v); *he enfermo* (1r); *ondequer que som* (28r); *seendo ẽ hũu lugar* (28v). *Estar* is occasionally used synonymously in the same passage with *seer*: *cousas que sobre o homẽ som ... anjos, os quaaes sempre estam junto com Deus* (58r).

Seer occasionally occurs in the forms *siia* and *seve* with the etymological sense 'sat.' *A madre ... siia junto cõ os seus pees* (24v). *Job quando seve ẽ o ssterco* (60r).

A common idiomatic expression with *seer* is *como asi fose que* (7r) with the causal meaning of 'since' or 'inasmuch as.'

Estar is infrequently used where *ser* might be preferred in modern Portuguese: *villa que hi estava* (54v); *estava dali perto hũu lugar* (19v). This usage is undoubtedly affected by the consciousness of the etymological meaning of *estar*, as shown in: *Poucas vezes podia estar, mais açerca senpre siia* (62r).

Teer and *(h)aver*: An important difference seen between usage in this manuscript and in modern Portuguese is the greater prevalence of *(h)aver* in Old Portuguese. This is true not only in the sense 'to possess' but as an auxiliary verb, although the compound tenses are quite rare. Examples: *ouve hũu bõo conselho* (7r); *avendo esto por vaidade* (7r); *avendo conpaixom* (30r).

Aver de is used more often than in present-day Portuguese: *Troveron-lhe hũa molher pera lhe aver de dar saude* (3r).

VIDA DE S. BERNARDO

[*Invocation and prologue.*]

Começa-se o prologo de Gilhelmo na Vida de Sam [Berna]rdo, Abba[de de] Claraval. *

Pera eu escrepver aa honra do Teu nome, assy como Tu Senhor Deus me deres e ministrares, a vida daquelle Teu servo pollo qual quiseste que a egreja de noso tenpo refloreçesse na antiga honra da graça e virtude apostolical, eu chamo em ajuda o Teu amor, o qual ja ẽ outro tenpo me ẽ esto foy açẽdedor. Senhor, qual he aquelle que do Teu amor quanto quer d'espiramento de vida tẽ e vee o testemunho da Tua gloria e honra tã claro e tã fiel esplandeçer no mundo, que nõ de obra quanto poder que o lume per ti açendido nõ s'esconda a cada hũu dos Teus, mais, quanto per humanal stilo fazer-se poder, luza e alomee todos os que som ẽ Tua casa (o que Tu, porẽ, Ssenhor, per virtude das obras milhor fazes) manifesto e exalçado? Em a qual cousa querendo eu ja ẽ outro tenpo obrar, çertas razões me refrearõ e embargarom que o nõ fize ataa ora: hũua foy por me extimar nõ seer digno de escrepver tã digna materia e a leixar a mais dignos mestres, e a outra por entender que seria milhor e mais convilhavel de o fazer despois da sua morte que ẽ sua vida, polo nõ gravar com seus proprios louvores. Mais elle valente, forte e poderoso, ainda que he ẽfermo no corpo, nom çesa de fazer cousas dignas de memoria e grandes cousas juntar a maiores, as quaaes requerẽ seer postas ẽ escriptura a eu ẽfraqueço ja e as ẽfermidades do corpo me demostrã seer açerqua o tenpo da minha morte e temo muito de perlongar o que, ante que desta vida [IV] parta, queria e desejo acabar e ainda o bõo desejo dalgũs irmãaos me move e constrange a esto. Os quaaes estando e conversando ameude com o homẽ de Deus conhoçerõ todos seus fectos e me demostrarõ algũas cousas com diligente ẽqueriçõ sabidas, e muitas a que elles forõ presentes quando se faziam e as virõ e ouvirõ. Os quaaes posto que asy ministrẽ e demostrẽ muitas cousas e muy claras que Deus per o seu servo presente elles obrou e obra ainda, ajuntã ẽ testemunho dello actoridade de aprrovadas pesoas: bispos, clerigos, monges, aos quaes todo fiel deve de dar fe. Eu dezer esto he sobejo porque todo o mundo conheçe e sabe estas cousas e toda a egreja canta as suas virtudes. Por a qual cousa esgardando a maravilhosa materia do louvor devinal a todos seer ofereçida e nemhũu a querer reçeber, ainda que hi aja outros que milhor e mais dinamente o podesem fazer, despuse-me a obrar ẽ ella o que poder, nom cõ vaydade de presunçom mais cõ feuza d'amor. Faço esta obra para demostrar elle vivente asy como nõ escrepvo elle sabente. Confio en o Ssenhor que despois de nos e despois da morte delle sse levantarõ outros que mylhor e mais dignamente * acabarõ o que nos provamos de fazer e cõ digno ffalamento dina materia demostrarã e poderã escrepvendo * continoar a sua preciosa morte aa sua semelhavel vida. Ja ergo entremos, o Senhor ajudante, noso proposito. (Primeiro)

[*Bernard's parents, birth and childhood.*]

[2r] Bernardo ffoy natural de Bregonha de hũa villa de seu padre, chamada Fontanas. Seu padre e madre eram de nobre geeraçõ e honrados segundo a dinidade do mundo; mas mais nobres e mais dignos erã segundo a religiom dos christãaos. Seu padre chamavõ Teçilino. Era cavalleiro de lidima e antiga cavalaria, amador de Deus e teedor de justiça. Da qual cavalaria usava segundo a doctrina avangelica, nom fazendo crueza nẽ maldade a algũu, contentando-se dos stipendios que lhe davã seus senhores e rendas que tiinha, as quaes lhe abastavã pera todas suas boas obras. Em tal modo servia cõ armas e cõselho a seus senhores tenporaaes que nõ desprezava nẽ esqueeçia o serviço do seu Senhor Deus. Sua madre chamavam Adalayda. Era natural de hũa villa que chamam Monbarõ. Ella ẽ sua ordem, segundo a regla apostolica, era muy sobjecta e obediente ao marido e sob poder delle, Com temor de Deus regia sua casa, dando-se aas obras da misericordia e criando seus filhos ẽ toda boa disciplina e ẽsignança. Esta geerou sete filhos: seys

machos e hũua femea. Os machos prometeu de os fazer todos monges e a femea monga. Logo como cada hũu nascia ella o tomava ē suas mãaos e oferiçia-o ao Ssenhor, por a qual cousa nõ queria cõsentir que desem a criar a amas alheas mais cõ o seu lecte os criava pera ē elles ēfundir e lançar a natureza da bondade maternal. Despois que leixavam de mamar nom os criava cõ viandas delicadas mais acustumavo-os a viandas grosas e geeraaes, aparelhando-os e acustumando-os aa vida monachal a que desejava de os emviar.

[*Prophetic vision had by Adelayda (or Aleth) before Bernard's birth.*]

[2v] Trazendo ella ē seu ventre Bernardo que ffoy sseu ffilho terçeiro, vio ē sonhos hũua visom a qual foy signal do que avia de seer. Pareçia-lhe que vya ē no seu ventre hũu cam todo branco e ruyvo pollo espinhaço e que ladrava. Da qual visom ella muyto espantada se foy a hũu religioso que a conselhase, contando-lhe a visom do sonho. O qual logo conçebeu o espiritu da profiçia pollo qual David diz ao Senhor dos santos prregadores: "A lingoa dos teus cãaes, etc." * E rresponde-lhe: "Nom temas, bõo he o teu sonho. Tu seras madre de mui nobre cam, o qual seera gardador da casa de Deus e dara por ella grandes ladridos contra os inmigos da fe. Elle sera mui nobre preegador, e asy como o boom cam per virtude da lingoa faz meezinha as chagas, asy curara elle muitas enfirmidades das almas." Com a quall reposta a fiel e piadosa molher foy muito leda, asy como se a reçebese de Deus e ja toda se açendia no amor do filho ainda nom nado, cuidando como o avia de dar a seer ēsinado as sanctas leteras segundo o modo da visom e ēterpretaçom polla qual lhe delle erã prometidas tam altas cousas. O que asy foy fecto: que como o moço nasçeu nõ ho ofereçeu a Deus no modo que aos outros fazia, mais asy como se lee de Santa Anna, madre de Samuel, a qual como ouve filho que pidio ao Senhor, logo lho ofereçeu no tabernacullo que o servise pera senpre, asy ella ofereçeu a Deus ē a sua egreja.

[*Early training and characteristics of Bernard.*]

Que logo quam çedo pode, o deu a ensinar a meestres de leteras ẽ a egreja de Casteliom, a qual ante era secular e per obra dese Bernardo foy depois promovida em ordẽ de coonigos regulares, e fez quanto pode que provectasse ẽ **[3r]** ellas. O moço comprido de graça e de ẽgenho natural çedo ẽ esto conprio o desejo da madre, ca provectava no estudo das leteras mais que nemhuu dos outros moços que cõ elle aprendiã e aalem do que sua idade requiria. E ja quasy naturalmente ẽ mortificaçõ das cousas seculares começava a perffeiçõ que avia de seer. Era muito sinpiez nas cousas seculares. Amava morar cõsego, ffugia das cousas publicas. Maravilhosamente era cuidadoso, obediente e sobjecto ao padre e madre, a todos begnino e gracioso, em casa sinpiez e asesegado, (poucas vezes andava fora da casa), e mais que creer se pode vergonhoso (em nẽhũu lugar amava muito de fallar), devoto a Deus que lhe cõservase sua moçidade pura, dado ao estudo das leteras, per as quaes aprendese e conhoçese Deus. Em o qual quãto ẽ breve tenpo provectou e quam agudo ẽgenhoso siso reçebeu e ouve, pollas cousas a fundo dezedeiras pode-se veer. (Capitulo II)

Sendo ainda Bernardo asy moço emffermou de grande door da cabeça e cayo ẽ cama e troveron-lhe hũa molher pera lhe aver de dar saude com ẽcantaçõoes. A qual como elle sentia chegar asy cõ os stormentos do ẽcantamento com que aos outros homẽes do poboo soya de ẽncantar, com grande sanha começou de braadar e lançou-a de sy. Nõ desfaleçeu a misericordia de Deus ao zello do santo moço, mais logo sintio a virtude e conhoçeu que era sãao e se levantou livre de toda a door.

[*Bernard has a vision on Christmas eve.*]

Diavante **[3v]** provectando o moço ẽ ffe ordenou o Ssenhor de lhe apareçer asy como em outro tenpo ao moço Samuel ẽ Silo e de lhe manifestar a sua gloria. Era hũua solenpne nocte da Nascença do Senhor e hiam todos aaquellas solennes vigilias, como he de custume, e aconteçeu que se retardou hũu pouco o nocturno ofiçio e estando Bernardo agardando cõ os outros, adormeçeu hũu pouco teendo a cabeça ēclinada e logo se lhe revelou a sancta Nascença de Jhesu Christo pera o creçentar na fe e começar ē elle o santo misterio da contenplaçõ. Aparecera-lhe asy como se outra vez nasçese ante seus olhos hūu minino mais fremosso de todolos filhos dos homēes que nascia do ventre da madre virgem. Entom lhe foy magnifestado, e elle asy o cōfesa oje, que cree que aquella foy a ora ē que o Ssenhor nasceo, e notificado he per aquelles que delle ouvirõ em quanta bençõ o Deus ē aquella ora visitou, porque ē aquellas cousas que aaquelle sacramento pertēeçem lhe ministrou o Ssenhor muy proffundo e abastoso siso. Ca despois ē louvor da Virgem Maria e do seu bento Filho e da sua sancta nasçença elle fez hūu nobre tractado antre os começos das suas obras, tomando a materia daquelle avangelho onde se lee: "Misus este angelus Gabriel a Deo in Civitatē Galilee, etc." * Nem he pera callar que em estes anos de sua moçidade se algūu dinheiro podia aver escondudamente o dava em esmolla e, mais que ssua idade requeria, sseguia as obras de piedade. [4r] Despois desto per tenpo creçendo o moço Bernardo ē idade e graça açerca de Deus e dos homēs, de moço veo a seer mançebo.

[*Virtuous life led by Aleth, Bernard's mother.*]

E sua madre, criados fielmente seus ffilhos e acabadas todas as cousas que aa criaçõ delles pertēçiā, com bemaventurança se foy deste mundo pera o Senhor. A vida da qual nom he pera leixar de dizer, ca vivendo ella per muito tenpo cō seu marido honestamente e justamente segundo a justiça e honestidade deste mundo e segundo a fe e ley do casamento, per algūus annos ante da sua morte ella teve primeiro aquella vida pera que criou os filhos, asy como ella pode e como conviinha a molher que estava so poderio do marido e que nō tiinha poderio do proprio corpo. Ella ē sua casa e na profisom do casamento e ē meyo do mundo per gram tenpo teve vida de monga, comendo pouco, vilmente se vistindo, riquezas e ponpas de sy tirando, dos auctos e cuidados seculares sse removendo, dando-se aos jejūus, vigilias e oraçõoes, e o que lhe desto mingava cō smolas e desvairadas obras de misericordia o remindo. Ē a qual cousa provectando de dia em dia veo fazer sua fim em serviço de Deus pera o qual se foy deste mundo. Quando morreu, veerō aly clerigos que rezavā e ella rezava cō elles, e tanta era a devaçõ sua que nõ podia ja falar, viam-lhe mover os beiços: asy como cõ a lingoa fracamente podia, cõfesava e chamava o Senhor e dizendo os clerigos antre as suplicaçõos das ladainhas: "Per pasionem et crucem tuam libera eam, Domine," * levantou a mãao e signou-se e lançou o spiritu [4v] nom podendo ja abaixar a mãao que levantara. (Capitulo III.)

[*Bernard's comrades try to lead him astray.*
He resists various temptations.]

(Das tentações das molheres a Bernardo.) *

Desi sendo Bernardo ja ē idade de mançebia e começando de viver per sy, avia nobre corpo, era mui fremoso, bem acustumado, de bõo e agudo ēgenho, muy açepto e graçioso ē falar. Creçia grande fama da sua bondade. Abrian-se-lhe muitos caminhos deste mundo e ē todos prosperidades e bem-aventuranças desta vida. Os outros mançebos, seus parçeiros e amigos, trabalhavã por o remover de seu begnino * proposito e de o fazerē semelhavel a seus nõ bõos custumes, aos quaaes se elle consentise e ē elles perseverase era-lhe forçado perder o amor da castidade que mais doçemente e mais firmemente * ē esta vida tiinha ē seu coraçõ. Ao qual o diaboo avendo ēveja espargia os laços das tentaçõoes e por desvairados aversamentos trabalhava de o ēganar. Aqueeçeu hũua vez de o olhar deshonestamente hũua molher e foy asy persigido da tenptaçõ que nõ podia tirar os olhos dela. E logo tirado e removido daquelle proposito, avendo grande vergonha, tomou vingança de sy meesmo e se ffoy a hũu peego d'auga muy fria que estava açerca delle e meteu-se em ella ataa o pescoço e aly esteve tanto que pareçia ja que queria spirar e per virtude da graça que ajudava arefeeçeu todo da quentura do desejo carnal e vistio comsego o amor e desejo da castidade. Outra vez logo açerca deste tenpo per obra diabolica lhe foy lançada hũua moça nua no lecto ē que jazia dormindo e elle como a [5r] ssentio calou-se e leixou-lhe aquella parte do lecto onde ffora lançada e revolveu-se sobre o outro costado pera a outra parte e começou de dormir. Jouve ella asy per espaço sofrendo e agardando e depois que vio que se nom chegava a ella, começou de o palpar e pungir, e elle a jazer quedo e firme. Quando ella esto vio ainda que desaavergonhada fose, ouve vergonha e levantou-se muito espantada e leixou-o e fugio. Despois desto acõteçeo que caminhando Bernardo cõ algũus outros seus parçeiros foy hospede ẽ hũua pousada. E vendo a molher senhora da casa e esgardando como Bernardo era ffremoso, começou de emardeçer no amor delle e fez-lhe mui bem coreger hũu lecto a fundo dos outros, asy como a mais honrado de todos. E despois que foy nocte levantou-se ella e chegou-se pera o lecto pera se lançar cõ Bernardo, a qual como elle sentio nom lhe mingou cõselho e começou de braadar: "Ladrõoes, ladrõos." Aa qual voz, a molher fugio, e toda a familia da casa se levantou e açenderõ candeas e catarõ os ladrõos e nõ os acharõ, tornarõ-se cada hũus a seus lectos, apagarom as candeas e asesegarõ todos, ssalvo aquella mezquinha molher que nõ folgava. Outra vez se levantou e foy-se ao lecto de Bernardo e elle começou outra vez de bradar: "Ladrõoes, ladrõoes." Outra vez se levantarõ a catar os ladrõoes e nõ os acharõ. Tres vezes perseverou aquella pecador molher ẽ esto e elle senpre a lançou de ssy, ataa que ella cõ medo e desperaçõ foy vençida e çesou, e elle nom [5v] a descobrio nẽ quis publicar sua maldade. A outro dia seginte hĩdo Bernardo seu caminho, * começaron-no de reprender seus parçeiros, dizendo por que sonhara aquella nocte tantas vezes ladrõoes. Aos quaaes elle respondeu: "Creede verdadeiramente que o ladrõ a que eu braadava era a hospeda que me quisera roubar o thesouro da minha virgendade que despois nõ podera cobrar."

[*Bernardo resolves to leave the secular world.*]

Antre * estas cousas esgardando Bernardo em aquello que vulgarmente se diz que nõ he seguro morar homẽ perlongadamente cõ a serpente, começou de cuidar como avia de fugir ao mundo. Viia o mundo e o prínçepe delle como de fora lhe ofereçia muitas cousas e grandes speranças mais todas ẽganosas e todas vaidade. E de dentro ouvia a verdade que lhe braadava e dizia: "Vinde vos a mỹ, vos outros que trabalhaes e caregados sooes e eu vos refarey. Tomaay o meu jugo sobre vos e acharees folgança nas vosas almas." * Deliberando ergo e detriminando por mais perfecçom leixar o mundo, começou de ẽquerer e saber ẽ que lugar mais çertamente e mais puramente acharia folgança aa sua alma so jugo de Christo. E emquerendo asy, soube parte da nova pllantação da monastica ēnovada religiõ de Çister, hu ainda avia poucos monges, porque todos reçeavõ de tomar ali religiõ polla grande aspereza da vida e da proveza, as quaaes cousas porē nõ espantarõ o coraçõ do que verdadeiramente Deus demandava. Mais depois de todo temor e pensamento sobre esto avido, cõverteu aly sua ētençõ extimando de poder hi viver ē serviço de Deus e de se esconder hi de toda contorvaçõ dos homēs e maiormente da vaidade, asy da fidalgia sseculiar como da graça do ēgenho agudo, ou ainda dalgūu nome de santidade.

[Bernard is converted and thereupon leads his brothers and other relatives into monastic life.]

[6r] (De como Sam Bernardo converteeo e troxe seus irmãaos e amigos pera a religiom.) Quando os irmãaos e aqueles que o carnalmente amavã sintirõ e souberõ que elle tractava do convirtimento da religiom, começarõ de fazer e trabalhar ē todos modos que podiam de o tirarē deste proposito e de o enclinarē e trazerem ao studo das leteras e per amor da sciença secular o ēplicar e meter mais no mundo. Polla qual tentaçõ, segundo elle sooe de confesar, algūu tenpo foy retardado no segre, mais a memoria da madre sancta nom quedava de costranger seu coraçõ em tal modo que lhe pareçia ameude que a via vīir asy muy queixosa e que o doestava dizendo-lhe que o nõ criara na pequena e tenra idade pera as bulras e vaidades deste mundo, nem o fezera ēsinar e aprender so tal esperãça. Disi hindo elle hūa vez veer seus irmãaos, os quaaes estavõ cõ o Duque de Bregonha ē o çerco de hūu castelo que chamõ Grançeiu, começou de cuidar e se acoytar aficadamente ē este pensamento. E achou ē meyo do caminho hūua egreja e ētrou ē ella orando cõ muitas lagrimas e alçando as māaos ao çeeo e lançando seu coraçõ ante a presença do seu Senhor Deus. Em aquelle dia foy firmado o proposito do seu coraçõ e ouvio hūua voz que dizia: "Ven-te." Daquella ora ē diante asy como o fogo que queima a mata e a chama que queyma os montes e que vay ardēdo e queymando as cousas mais chegadas e despois se extende e vay aas mais alongadas, asy o fogo que o Senhor ēviara no coraçõ do seu servo querendo que ardese chegou primeiramente a seus irmãaos, e os converteu aa santa religiõ, ficando soomente o mais pequeno

[6v] ao velho de seu padre ē solaz, porque era ainda de tam pequena idade que nõ era acto pera a conversaçõ de seus parētes e conheçentes e amigos e parçeiros e quaesquer outros de que se podia aver esperança da conversom. O primeiro de todos que foy convertido e que cayo na sentença da sancta cõverssom de Bernardo foy Aldrico, seu tyo, irmãao de sua madre, homē honesto e poderoso no mundo e cavaleiro e senhor de hũua vila no Bispado Eduensi que chamã Tuilio. E logo despois deste foy Bertolamou, irmãao de Bernardo, o mais mançebo dos outros irmãaos e nom ainda cavalleiro. Disi Andre, mais mançebo que Bernardo e ē aquele tenpo novamente fecto cavaleiro, nõ quiria dar consentimento aas palavras do irmãao nem as rreçeber, ataa que hũua vez começou de braadar subitamente e dizer: "Veyo minha madre." Visibilmente a qual lhe apareçeu cõ a face clara, sorindo e agradeçēdo o proposito dos filhos. O qual vendo esto, logo deu consintimento e de tirano do mundo foy fecto cavaleiro de Christo. E Bernardo semelhavelmente confesou que a vira. Gido, irmãao deles primogenito, era ja casado, homē grande e mais reigado no mundo de todollos outros. Este primeiramente duvidou hũu pouco, mais logo entendendo e cuidando na cousa qual era, deu consintimento aa conversom, asy porem se a sua molher proouvese e outorgase. Porque era mançeba e de nobre linhagē e avia filhos pequenos que criava, o que pareçia seer inposivel ella outorgar, mais Bernardo avendo sperança mais açerca da misericordia do Ssenhor ssem duvida lhe prometeu que ou sua molher consentiria ou çedo morriria.

[7r] (De como Bernardo converteeo seus irmãaos pera a rreligiom.) Disi como asi fose que ē nemhũu modo ella quesesse consentir, mais contrariar quãto podia seu marido de grande coraçõ. E ja provendo da virtude da fe ē a qual despois exelentemente splandeçeu polla graça do Senhor ouve huu bõo conselho, o qual foy que leixase todo o que no segre posuia e começase de viver como aldeãao .s. trabalhando per suas propias mãaos, donde soportase sua vida e da molher, a qual contra vontade della nõ convinha leixar. Entanto sobreveo Bernardo que andava de cada parte descorendo e juntando hũus e outros. E logo sem tardança a dicta molher de Gido foy ferida de grave ēfirmidade. E conheçendo que dura cousa era lançar os couces contra o agilhõ, chegou-se a Bernardo e pidio-lhe perdom e ella demandou primeiramente o consintimento da conversom. Disi segundo custume ecclesiastico foy

apartada do marido, pormetendo cada hũu igal voto de castidade e ẽtrou ẽ conpanhia de molheres sanctas (monjas) servindo hi religiosamente ataa oje o Ssenhor Deus. O segundo irmãao despois de Gido era Girardo, nobre cavaleiro ẽ armas, homẽ de grande prodençia e begninidade e que todos amavã, o qual vendo como os outros outorgavã ao conselho do irmãao como dicto he, reputando e avendo esto por vaidade e pouco siso, segundo he custume da sabedoria mundanal, cõ ẽdurado coraçõ repelia e desprezava os amoestamentos e sãao conselho do irmão. Entom Bernardo ja açendido na fe e no zello do amor e karidade fraternal cõ grande sanha lhe dise: "Eu sey que tribulaçõ dara entindimento ao teu ouvido." E pose-lhe o dedo no seu costado. E dise: "Vinra hũu dia, e çedo [7v] vinra, que hũua lança chantada ẽ este costado per força fara caminho ao teu coraçõ per conselho de tua saude, o qual tu desprezas e çertamente tu temeras mais nom moreras." Asy como foy dicto, asy foy feito. D'i a poucos dias foy çercado de seus imigos e preso e ferido, segũdo a palavra do irmãao, trazendo a lança no costado metida em aquelle lugar onde lhe posera o dedo, e temendo a morte asi como se a vise presente, braadava: "Monge som, monge som de Çister." E sem embargo desto foy tomado e posto ẽ prisom e garda. Foy logo trigosamente chamado Bernardo per hũu mesejeiro, mais elle nõ quis vinr, dizendo: "Sabia eu e primeiro lho dise que duro lhe seria a elle lançar os couçes contra o agilhom, porem esta ferida nõ lhe sera pera morte, mais pera vida." E asy foy que logo mais çedo que se esperava ouve saude da ferida, e o proposito e voto que prometera nõ o mudou. E livre ja do amor do segre sendo porẽ ainda na prisom de seus imiigos, nõ teendo ja cousa que retardase seu proposito aa conversom se nõ a dicta prisom, nom desffaleçeo a misericordia divina. Veo seu irmãao trabalhando pera o tirar e nõ pode, e asy como fose que lhe nom quesesem consentir que lhe fallase, chegou-se ao carçer e bradou dizendo: "Sabe, irmãao Girardo, que çedo avemos de hir daque * e ẽtrar no mosteiro e ainda que agora sair não posas, sey aque monge, ssabendo que o teu querer e nõ poder por fecto seera reputado." Despois de poucos dias acoytando-se Girardo muito por sair dally e conprir seu voto, ouvio ẽ sonhos hũua voz que lhe dizia: "Oje seras livre." Era esto no santo tenpo da quoreesma e sendo ja açerca da ora da vespora do dia. Cuidou no que ouvira [8r] e tangeu as aduvas que tiinha nos pees e rebentou-lhe logo nas mãaos o ffero ẽ que as adovas erã presas, de gisa que elle se podia levantar e andar algũu tanto. Mais que avia de fazer? Que a porta era fechada e da parte de fora estava hũua multidom de proves. Levantou-se porẽ e mais cõ nojo e emfadamento de jazer que cõ esperança de fugir e scapar-se, chegou aa porta da casa soterranha ẽ que jazia preso e ẽçarrado. E como tangeu o fferrolho, cayu-lhe logo toda a fechadura antre as mãaos, e a porta foy aberta. Sayo-se * elle pee ãte pee, asy como homẽ que ainda hia preso com as adovas. E encaminhou * pera a egreja onde se ainda celebrava o ofiçio da vespera. Os proves que * estavan aa porta vendo esto que se fazia e divinalmente fugiram spantados todos, nom brraadando cousa algũa. E chegando elle açerca da egreja, saya della hũu homẽ da familia da casa onde jazia preso o irmãao daquelle que o gardava e quando o que saya vio hir trigoso pera egreja, dise-lhe: "Tarde veeste, Girardo." Do que elle foy spantado e dise-lhe: "Mais vay asinha, que ainda acharas que ouças." Os olhos e ẽtendimento delle era asy scurado que nõ ẽtendia o que se fazia. E nom podendo Girardo sobir pollos degraaos da porta da egreja cõ as dovas que levava, deu-lhe a mãao e solevantou-o. E ẽtrando ja na egreja ẽtom conhoçeu o que se fazia e ẽtendeu e vio que era preso e que fugia e trabalhou polo reteer e torvar e nõ pode. Per esta gisa foy Girardo livre do cativeiro do amor deste segre e do cativeiro dos filhos * do segre. E o voto que prometera fielmente pagou. Ẽ o que o Senhor conhoçidamente mostrou ẽ quanta perfeiçõ este servo **[8v]** de Deus, Bernardo, reçebeu a graça da ssancta conversom. O qual ẽ aquelle spritu * que fez as cousas que ham de seer pode veer o que de seer avia, asy como se ja fose fecto. Certamente presentialmente vio e lhe apareçeu a llança no costado do irmãao quando lhe pos o dedo no lugar onde avia de seer a ferida, segundo elle despois confesou, seendo preguntado daquelles a que o emcombrir nom podia.

[*Bernard receives inspiration to preach and converts others.*]

Seendo hũu dia todos estes que disemos juntos cõ Bernardo ẽ hũu espiritu * ẽtrarõ polla manhãa ẽ a egreja a tenpo que se liia aquelle apostolico capitolo: "Fidelis est Deus quia qui cepit in vobis opus bonum, ipse perficiet usque in diem Jesu Christi." * O que o devoto mançebo nom tomou doutra guisa se nõ como se soasse do çeeo. E allegrando-se ja asy como padre espiritual * dos geerados ẽ Christo seus irmãaos, e entendendo que a mãao do Senhor obrava cõ elle começou d'i adeante de preegar e de juntar quantos podia. Começou de vistir ho homẽ novo e tractar do cõvertimento com aquelles cõ que soya de usar das leteras do mũdo e deste mundo, demostrando-lhe os prazeres do mundo pouco duradoiros, as miserias da vida, a morte trigosa, a vida despois da morte ẽ bem ou ẽ mal seer perduravel. Que se dira mais? Quantos a esto erã ordenados, obrando ẽ elles a graça de Deus e a palabra da sua virtude e a oraçõ e instançia do seu servo, primeiramente duvidando, desy sendo conpungidos, hũu apos outro criiam e cõsintiam. Antre os quaaes lhe foy ainda ajuntado Dom Ugo Matisconensi que ora foy tomado do m- [9r] osteiro de Pontiniaco, o qual elle edifficou, e he feito bispo per seu meriçimento da egreja de Antisiodro. E este ouvindo do convertimento de seu parçeiro e muito amado amigo Bernardo, chorava asy como se o perdese e fose morto deste mundo. Trabalharã de se veerem. Juntos anbos, despois de muitas lagrimas e gimidos de doores desasemelhadas que cada hũu avia segundo seu respecto, começarõ antre si de conferer e de falar e de conparar hũuas cousas aas outras. E ẽ falando asy antre esas palavras da amizade familiar foy ẽfundido e lançado ẽ Ugo o espritu da verdade. E começou de mudar sua ẽtençõ em tal modo que ante que dali partisem, se derom anbos as mãaos derectas ẽ firmidom da conpanhia da nova vida monachal. E forõ fectos hũu coraçõ e hũa alma *in Christo* muito mais verdadeiramente e mais dignamente que o ante erã no mundo. Despois de poucos dias ffoy denunçiado a Bernardo como Ugo era sovertido dos outros parçeiros e removido de seu proposito. O qual logo sem tardança o foy catar trigando-se pera o retornar que nom pereçese e o confirmar no santo proposito da religiõ. E quando os dictos parçeiros e sovertedores de Ugo virõ Bernardo, çercarom a Ugo e nom queserom consintir a Bernardo ẽ algũu modo que o vise nem lhe fallase. E elle vendo esto começou de braadar e orar por elle ao Senhor e ẽ orando cũ muitas lagrimas, veo subitamente e trigosamente hũua chuva, estando elles ẽ hũu canpo e seendo o aar mui claro e o tenpo tal que se nõ esperava chuva. E quando virõ a dicta chuva asy trigosa spargeron-se todos e recolheron-se a hũa rua [9v] que era mais açerca delles. E Bernardo lançou mãao de

Ugo que ficava soo e teve-o. E dise-lhe: "Aque sofreras comigo as gotas desta auga." E ficando anbos asy soos, nom forõ soos mais foy o Senhor cõ elles e lhe deu logo claridade do aar e do coraçõ. Alli foy renovada a prectisia e o proposito confirmado, o qual ao deante nunca pode seer quebrado.

[People avoid Bernard because of persuasiveness of his preaching.]

Vendo estas cousas o imigo, asanhou-se e tomava grande pesar e o justo confiando no Senhor gloriosamente triunphava. Pregando * elle asy publicamente e apartadamente as madres scondiã os filhos, as molheres detiinhã seus maridos, os amigos desviavã delle seus amigos, porque o Spiritu Sancto dava aa sua voz tanta virtude que nemhũu podia seer rethiudo por desejo ou affeiçõ que tevese ao mundo e cousas delle. E creçendo asi o cõto daquelles que ẽ este juntamẽto de conversom consintirõ segundo se lee dos primitivos filhos da egreja. "O coraçõ da multidom delles era hũu e hũua alma ẽ o Senhor e moravõ todos jũtamente ẽ hũa vontade, nem se ousava algẽ dos outros que nõ erã desta conpanhia juntar a elles." *

[Bernard and his companions live in Chatillon-sur-Seine. Vision of what is to come.]

Elles tiinhã em Castelião hũua casa propria e comũu de todos onde moravõ e se juntavõ e fallavõ todos em a qual nõ ousava outrẽ de entrar que nõ fose daquella conpanhia. E sse algem entrava que viia ou ouvia as cousas que se hi faziam e diziam, asy como o apostollo diz dos christãaos corinthios * que profetizando todos, de todos era convinçido, de todos era julgado e adorado o Senhor e confesando que verdadeiramente Deus era ẽ elles, ou se juntava aa conpanhia [10r] delles ou se partia chorando si mesmo e beatificando a elles. Esto ẽ aquelle tenpo e ẽ aquellas partes nõ era sabido que morando elles ainda no segre fosem conversos. Elles esterevõ despois do primeiro proposito da religiõ quasi per seis meses no habitu sagral. Estavã asy pera se juntarẽ mais e porque ẽ o dicto tenpo se expidiã e despachavõ os negoçios dalgũs. E estando elles asi, e avendo hy sospeita desta multidom que aquelle que tenta nõ furtase algũu do conto delles, prouve a Deus de revelar sobre esto o que avia de seer. Apareçeu de nocte a hũu delles hũa visom ẽ a qual lhe pareçia que via estes todos seer ẽ hũa casa e per ordem comiam e comungavõ de hũu manjar de maravilhosa branquidõ e sabor, o qual todos cõ grande prazer tomavõ — salvo douos, os quaaes erã vazios daquelle saudavel manjar e nõ partiçipavõ delle. Hũu nẽhũa cousa tomava. O outro pareçia que o tomava, mais que lhe caya asi como se o menos sagessmente tomase. Anbas estas cousas despois forõ provadas pollo que se sigio. Que hũu destes primeiramente que veese aa religiom e conversom como propossto avia, reprendeu-se e tornou-se detras ao segre. O outro começou cõ os outros a boa obra mais nõ acabou. Eu o vy despois no mundo vagante e fugido da façe do Senhor asy como Caym, e quanto esgardar pude, homẽ vil e miseravel e despreçado, o qual porẽ ẽ fim de seus dias tornou a Claraval per constrangimento de infirmidade e de mingua. Por quanto seus parentes e amigos, posto que de bõo linhagẽ fose, o lançava de sy e ẽxeitavõ. E ally renũçiando aa propriedade mais nõ de todo ẽ todo aa propria võtade morou nom dentrro asy como frade e domestico, ma-[10v] is de ffora pidindo misericordia assi como prove e mẽdigante.

[*Bernard and his followers enter the monastery at Cîteaux.*]

Achegando-se ja e vĩdo o dia do pagamento e cõprimento do desejo, saio Bernardo da casa de seu padrre com os irmãaos, seus filhos spirituaaes, os quaaes polla palavra da vida a Christo geerara. E veendo Gido, primogenito de seus irmãaos, Nivardo, seu irmãao moço pequeno, na plaça cõ outros moços, fallou-lhe e dise: "Eia, irmãao Nivardo a ti soo fica toda a terra da nosa posisom." Ao que o moço, nõ como moço, respondeu: "Vos tomaaes o çeeo e leixaaes a mỹ a terra? Tal partiçõ nõ he igualmente fecta." A qual cousa dicta forõ-se elles e Nivardo ficou ẽ casa do padre, mais logo despois de pouco tenpo sigio seus irmãaos e nõ o poderõ reteer o padre nem os parentes nẽ os amigos. Em aquele tenpo a nova e pequena manada dos monjes de Çister vivendo pobremente sob ho honrado Barõ Stevõ Abbade e sendo gravemente anojada porque erã poucos e nõ aviam ja sperança que despois da morte delles ficasem soçedores ē que pasase a herdade daquella sancta pobreza, porque todos louvavõ ē elles a santidade da vida mais fugiam della polla aspereza. Trigosamente foy alegrada per hũa subita e leda visitaçõ divinal que se nõ esperava, em tanto que aa dicta manada e colegio dos monges de Çister pareçia que ē aquelle dia aquella casa reçebia do Espritu Sancto esta resposta: "Alegra, sterile, que nõ parias, saay e braada, tu que nõ geeravas, tu deserta e desenparada averas mais filhos que aquella que ha marido, dos quaees despois veras filhos de filhos ataa em muitas geeraçõoes." *

[11r] No ano da ēcarnaçõ do Ssenhor de mil cento xi e da fectura e começo da casa de Çister xvº * o servo de Deus Bernardo de idade acerca de xxii anos entrou ē Çister com os conpanheiros mais de xxx e so o abbade Stevam ao manso jugo de Christo someteu o collo. Daquelle dia avante deu o Senhor a benço e aquella vinha do Senhor deu seu frruyto, stendendo seus rramos ataa o mar e aallem do mar as suas plantas. Estes forõ os sanctos começos do convertimento do homē de Deus. Da nobreza da sua conversaçõ e vida como viveo angelicalmente na terra, crreo que nēhũu o poderia contar que nõ viva do spiritu de que elle viveo. Delle soo e do Ssenhor he conheçer quanto logo no começo de sua conversom o preveeo o Ssenhor nas bençõoes de sua dulçidom e em quanta graça de ellecçõ o conprio e quomo da fartura da sua casa o enbebedou. Entrou asy Bernardo ē aquela casa prove de spiritu e em aquele tenpo ainda scondida e quasy nēhũa cõ entençom e sperança de morrer hi e de se sconder dos coraçõoes e memoria dos homēes asy como vaso perdido. Mais o Ssenhor Deus doutra gisa ordenante aparelhou-o pera si en vaso escolhido nõ soomente pera cõfortar e stender a ordem monastica, mais ainda pera trazer o seu nome ante os reis e gentes e ataa o stremo da terra. Nõ stimando nē pensando elle de si tal cousa, mais ante por guarda de seu coraçõ e firmeza de seu proposito senpre ē coraçõ e ainda na boca avia esto: "Bernardo, Bernardo, a que veeste?" E asi como se lee do Senhor, começou de fazer e ēsinar asi elle do primeiro dia da sua entrada na çella dos noviços. Começou de fazer em si mesmo [11v] o que aos outros avia de ēsinar. E despois ssendo elle ja abbade de Claraval e vindo os noviços trigosos pera ētrrar, a meude o ouvimos dizer e prreegar: "Se a aquellas cousas que de dentro som vos trigaaes, aqui ffora leixaae os corpos que do segrre trouvestes. Os

spritus soos entrrē, a carne nom aproveita nēhũua cousa." Da qual pallavra os noviços spantados perdoando elle aa sua novidade e misericordiosamente expoendo o que dizia, lhe declarava e preeguava que a carnal cõcupicençia aviã de leixar fora.

[*Novitiate of Bernard.*]

Elle ē sendo noviço a sy mesmo nõ perdoava, mais ē todos modos que podia se trabalhava de mortificar nõ soomente as concupicencias * e desejos carnaaes que se fazem pollos sentidos do corpo mais ainda eses sentidos per que se fazem. E como asy fose que elle ja começase de sintir pollo sintido de dentro a mãsidom do amor alomeado que lhe spirava de çima doçemēte e ameude ē aquelle sentido de dentro, temendo-se dos sentidos do corpo, aadur lhe consentia quanto lhe abastase * pera conpanhia e sociedade cõ os homēes da conversaçõ de fora. A qual cousa per continuaçõ de usu tendo ē custume, esse custume se lhe tornou ē natureza; e ja todo tornado ē espiritu * e ameude toda sua entençõ derecta ē Deus, e per espiritual pensamento toda a memoria delle ocupada, vendo nõ via, ouvindo nõ ouvia, gostando sabor nõ avia, aadur per os sentidos corporaaes algũa cousa sentia. Ja stevera hũu anno acabado na çela dos noviços e nõ sabia ainda se esa casa tiinha telhado. Muito tenpo avia que emtrava na casa da egreja e saya, na capela mayor da qual [12r] estavã tres ffreestas e elle nõ dava fe sse nõ de hũua. De curiosidade o seu sentido era asy mortificado que nemhũa cousa dela sentia e se per ventura lhe acontiçia de veer algũa cousa tendo a memoria ocupada ē outro lugar como dicto he, nõ esgardava o que via, que sem memoria o sentido do que sente nēhũu he. A natureza em elle nõ desvairava da graça, em tanto que quasy pareçia ē elle seer conprido aquello que se lee: "Puer eram ingeniosus, etc.," * que quer dizer: "Moço era ēgenhosso e gançey alma boa e seendo mais bõo viim a corpo nõ ēçugentado." Pera contemplar as cousas spirituaees e divinas, porque com a graça spiritual elle avia hũua natural virtude de ēgenho e gaanhou ainda ē esto alma boa .s. sensualidade nõ curiosamente louçãa nem sobrevosamente revel, mais conplazente aos spirituaaes * studos e a aquellas cousas que pera Deus som de vontade subdita e servỹte ao spiritu. O corpo delle ainda per consintimento nõ ēçugentado dalgũu pecado era stormento * muito acto per o serviço de Deus. E como asy fose que a carne ē elle per razõ do dom da graça e ajuda da natureza e usu bõo da disciplina spirituall, aadur ja algũa cousa cobiiçase contrra o spritu que esse spritu dapnase. O spritu sobre as forças e sobrre a virtude da carne e do sange tantas cousas cobiiçava contra a carne que a fazia cayr, asy como o animal ẽfermo caay so a carega e nom se pode levantar. Que direy do sonno que ē todollos outros homẽes sooe de seer refecçom dos trabalhos e sintidos e recreaçõ das vontades? Des entom ataa oje elle vigia aallem do poderio humanal. De nẽhũu tenpo se quexa mais seer perdido que daquelle ē que dorme [12v] ffazendo conperaçõ da morte ao sono, que asi como os que dormem pareçẽ mortos açerqua dos homẽes, que asi o pareçẽ açerca de Deus. Onde se viia algũu religioso que ē dormindo jazia lançado deshonestamente ou que rroncava alto, nom o podia sofrer paçientemente. Ante o reprendia asi como se carnalmente ou secularmente dormise. O comer seu era pouco e o sono pouco. Em nẽhũua destas cousas dava abastança a seu corpo, mais abastava-lhe de cada hũa tomar algũa cousa. Quanto aas vigilias, das vigilias tiinha ē custume de nõ fazer toda a nocte sem sono. Des entõ ataa oje adur comya algũa ora per võtade, se nõ cõ soo temor de desfaliçimento. E quando avia de comer, ante que comese cõ a nenbrança soo do comer, era farto. Asi se chegava a tomar a vianda como se ouvese de tomar tormento. Des o primeiro anno da sua conversam e da saida da cella dos noviços sendo asi que a sua natureza fose senpre de mui tenra e dilicada conpleisõ per muitos jejũus e vigilias, frio, trabalho e mais duros e continuados exercicios atrita, coronpendo-se-lhe o stamago soya de lançar continuadamẽte polla boca cruu o que comia. E se lhe algũa cousa ficava no stamago que cozese e ouuvese de lançar per as partes de fundo, ē esas partes era tam ẽfermo que o nõ podia lançar se nõ com gramde tormẽto. E se algũa cousa desto ficava, aquello era algũu criamento do corpo, nõ tanto pera soportar a vida como por aredar a morte. Senpre despois que comia custumava de pensar quanto comera pera, se se achase [13r] reprendido sobrepojando a medida acustumada, nõ se partir dali sem pendença. Asi era usado a comer pouco que o usu se lhe tornou em natureza em tal gisa que se algũa ora quiria comer mais do que custumado avia, nõ o podia fazer. Asi fuy o bem-aventurado Sam Bernardo, noviço antre os noviços, monje antre os monjes, farto no espritu, ẽfermo no corpo, nõ perdoando aa folgança e reffecçõ do corpo, nunca ficando, nẽ se aredando do cumũu lavor ou trabalho. Dos outros lhe pareçia que erã sanctos e perfectos e de sy que era noviço e começante, e que nõ mereçia nem avia mester honra de sancto nẽ de perfecto, mais que soomente lhe conpria fervor de noviço e apertamento da ordem e rigor da disciplina. Por a qual cousa o fervente desejador * da comũu vida e conversaçõ quando acontiçia que os frades faziam algũa obra de mãaos que elle nõ fazia por nõ saber ou nõ seer usado a ella, elle remiia e cõpẽsava a dicta obra cavando ou cortãdo lenha e levando-a ao pescoço ou cõ outros quaaesquer lavores de igal trabalho. E se per desffaliçimento da força taaes trabalhos nõ podia fazer, abaixava-se a fazer quaaesquer outros mais viis, de gisa que cõ humildade cõpensava os dictos trabalhos que fazer nõ podia. E maravilhosa cousa era de hũu homẽ, que tãta graça reçebera ẽ a cõtenplaçõ das cousas esprituaaes e divinaaes, nõ soomente ocupar-se açerca de taaes cousas mais delectar-se ainda ẽ ellas muito. Sendo asi mortificada a sua sensualidade e coriosidade como dicto he e sendo asi que he necesario que as mentes daquelles que se ẽ estes trabalhos ocupã, posto que perfectos sejam, padeçã na memoria e pensamento ainda que nõ na ẽtençõ algũa disoluçõ na unidade de dentrro do spiritu. [13v] Elle per privilegio de mayor graça ẽ a virtude do spritu ẽssenbra e todo trrabalhava de fora e todo de dentro dava obrra a Deus, ẽ hũua cousa fartando a consciençia e em outra a vontade. No tenpo ergo do lavor de dentro orava ou pensava sem antremitimento do trabalho de fora. E de fora trabalhava sem perda da mansidom de dentro porque qualquer cousa que ell ẽ as escripturas valeu e qualquer cousa que ẽ ellas spritualmente sintio ataa oje, elle cõfesa que a mayor parte reçebeu e soube pensando e orãdo nas matas e nos canpos, e antre os amigos graçiosamẽte ẽ aquelle seu jogo soya de dizer que nunca ẽ esto tevera outros meestres * que o emsinasem, sse nõ fayeiras e carvalheiras.

Em hũu tenpo de ceyffa ssendo os monjes cõ prazer e fervor do Sancto Spiritu ocupados ẽ segar e nõ sabendo Sam Bernardo nẽ avendo ẽgenho pera fazer aquelle trabalho, entanto que per nõ saber quasy era nõ potente, a elle foy-lhe mandado que se fose a sentar e folgase. O qual por ello foy tam cõtristado que começou de chorar e foy-se orar cõ grandes lagrimas e pidir ao Senhor que lhe dese graça de saber segar. Nom ẽganou a sinplizidade da fe o deseyo do rreligioso porque logo ēpetrou e lhe foy outorgado o que pidio. E daquelle dia ē diante conhecendo-se seer mais sabedor que os outros em aquelle lavor, cō alegria dava graças ao Senhor sendo tam devoto ē aquela * obrra como aquel que se nenbrava que o saber dela reçebera do soo dom de Deus. Despois que Sam Bernardo quedava e çesava deste lavor ou trabalho, ou orava ou lia ou pensava de se apartar soo pera orar. Onde quer porē que esteve, se ora soo, ora com outra conpanha, senpre ē no coraçom era ssoo. As escripturas canonicas sinplezmente e ordenadamente [14r] de boa vontade e ameude liia e dezia que as nõ ētendia mais per outrras sse nõ per aquellas palavras dellas meesmas, e qualquer cousa que se lhe ē ellas de verdade ou de virtude divinalmente declarava, aquello que sabia pollo seu primeiro ētender mais [que] pollas exposições e declarações dellas. Lendo el porem humildossamente os * sanctos expoedores dellas nõ igava os seus sisos e ētindimentos aos delles mais somitia-lhos e aprendēdo-se aas peegadas delles fielmente, ameude bebia da fonte donde elles beberom. Entanto que elle cheo do spiritu pollo qual toda a sancta scriptura divinalmente he inspirada, tam fielmente e tam provectosamente della usou ataa oje ē ēsignar, reprender, coreger. E quando preegava a palavra de Deus qualquer cousa que della dizia, asi o fazia patente e claro ē meo de todos e aplazente e eficaz pera amoestar aquella cousa a que o trazia que todos, asi sabedores de doctrina secular como da spiritual, se maravilhavõ das pallavras da graça que proçediam da boca delle.

[*Founding of monastery at Clairvaux. Description of the place and the origin of the name.*]

Plazendo ao Ssenhor que o apartou do mundo e clamou pera ssy de mayor graça revellar ē elle a sua gloria e de juntar per elle ē hũu muitos filhos de Deus que erã espargidos emviou no coraçõ do abbade Stevõ de mandar seus monjes a edificar a casa de Claraval. Os quaaes ēviados fez abade delles Dom Bernardo, maravilhando-sse os dictos frades como homēes que erã maduros e nobres asi na religiom como no segre, e temendo-se que tal carego lhe seria prigo * porque era de tenra idade e ēfermo no corpo e nõ avia uso das ocupações de fora.

Claraval era hũu lugar ẽ o bispado de Ligõ, açerca do rio Alva, cova antiga de ladrõoes. E chamavan-lhe antigamente Vale Abssemçiall, porque [14v] avia ally grande abastança de absençio que he hũa erva muito amargosa ou lhe chamavom * asi polla amargura da door daquelles que hi cayam nas mãaos dos ladrõoes. Ally ergo ẽ aquelle lugar d'avoricimento e solitario sse asentarõ aquelles homẽs de virtude pera fazerẽ da cova dos ladrõoes tenplo de Deus e casa d'oraçõ onde sinplezmente per tenpo servirom a Deus em proveza do spiritu, ẽ fame e sede, ẽ frio e nuidade e ẽ muitas vigilias. Fazĩa pulmentos de folhas de fago. O seu pam era de milho, çevada e de ervilhas, ẽ tanto que pasando hũua vez per hi hũu religioso, poseron-lho ante elle no hospiçio e elle o tomou chorando e o levou scondido pera o mostrar a todos, quasy por millagre, como delle viviam e se mãtinhã aquelles homẽes. Mais estas cousas nõ moviam nem tiravã de seu proposito o homẽ de Deus. Elle avia muy grãde cuidado da saude de muitos, o qual des o primeiro dia de seu cõvirtimento ataa ste tenpo senpre teve ẽ seu coraçõ em tal gisa que bem demostrava ẽ elle conprido * o desejo da madrre açerca de todallas almas. Era porẽ ẽ o coraçõ delle grande peleja do sancto desejo e da sancta humildade porque elle ora desprezando sy mesmo confesava nõ sser digno de per elle viinr algũu fructo, ora squeeçendo-se de si ẽardeçia cõ grande fervor pareçendo-lhe que nõ podia reçeber consolaçom algũa sse nõ com saude de muitos, movendo-o ao dicto desejo do fructo a karidade e a ese desejo castigando a humildade.

[*Examples of St. Bernard's faith and how help comes to the monastery in time of need.*]

E antrre estas cousas aconteçeu que hũa vez se levantarõ aas maynas mais çedo do que soyam, as quaaes acabadas sendo ainda dali ataa as laudes grande intervalo da nocte, sayo-se Sam Bernardo fora, andava per daredor do mosteiro orãdo [15r] e pidindo a Deus que ouvese pro açepto e rreçebido o seu serviço e dos seus frrades, trazendo em seu coraçõ aquelle desejo que disemos do fructu spiritual. E estando asy ẽ esa oraçõ cõ os olhos hũu pouco antreçarados supitamente vio de cada parte dos montes vizinhos tanta multidom de homẽes de desvairadas vistiduras e de desvairadas condiçõ descender no vale de fundo que ese vale nõ os podia ē sy reçeber. A qual cousa o que significava ja a todos he manifesto. Per esta ergo visom sendo ho homē de Deus maravilhosamente consollado, confortava e amoestava os seus frades que nunca desperasem da misericordia de Deus.

Aconteçeu asy que ē hūu tenpo Girardo seu irmãao e çelareiro da casa se veo queyxar a elle dizendo que as cousas neçesarias aa casa e aos frrades falleçiã e que nõ tiinhã donde as conprrar. E sendo a neçesidade tamanha nom podia aver consollaçõ ē pallavras nē tiinha que ao presente dar aos frades. Perguntou-lhe o homē de Deus quanto lhe podiria abastar polla neçesidade presente. O qual respondeu que xi livras. Entõ o leixou e foy-se orar. E a cabo de pouco tornou-se Girardo e achou seer fora hūa molher de Casteliom, a qual mandou dizer a Sam Bernardo que lhe queria falar. E elle vindo pera a ouvir lançou-se aquella molher aos pees delle e ofereçeu-lhe doze livras pidindo-lhe que orase por seu marido que era muito ēfermo. Aa qual elle falou hūu pouco e ēviou-a logo e dise-lhe: "Vay e acharas teu marido sãao." E ella foy-se a sua casa e achou seu marido sãao asy como lhe disera. E o abbade ficou consolando a fraqueza do çellareiro e o fez mais forte pera d'y avante soportar o Ssenhor. E çerto he que esta cousa nõ lhe aconteçeu hūua vez ssoomente, mais muitas vezes quando tal neçesidade viinha, [15v] trigosamente donde se nõ sperava lhe mandava o Ssenhor ajuda. Por a qual cousa os * prudentes homēes, ētendendo que a mãao do Senhor era cõ elle, cavidavan-se de o gravarem cõ solliçitamento das cousas exteriores e de fora soportando-as elles antre si mesmos o milhor que podiã e soomente lhe pidiã conselho das cousas interiores e de dentro e de suas consciencias e da causa de suas almas.

[*Bernard sets high standards for his followers.*]

Em a quall cousa porē lhe aconteçeu per hūu pouco de tenpo o que leemos de Moyses, que ē outro tenpo aconteçeu aos filhos de Israel que estando muyto e cõversando cõ o Ssenhor no monte Signay e saindo da scuridom da nuvē e descendendo ao poboo e do ffallamēto do Senhor cõ elle pareçese a sua façe cornuda e spantosa, entanto que o poboo fugia delle. Asy saindo aquelle homē santo da façe do Senhor, cõ a qual conversava e usava na solitaria vida de Çister e no silençio e alteza de mui alta contenplaçõ, asy como se do çeeo trouvese algũu millagrre antre os homẽes, spantou de sy açerca todos os homẽs que viinha reger e antre os quaaes avia de conversar, porque se aas vezes das cousas spirituaaes e da saude das almas lhe fazia sermõ, ffalava aos homẽes per lingoa de angos e aadur o podiã ētender. Mayormēte nas cousas que pertēeçiam aos custumes dos homẽes, da avondança do seu coraçõ tam altas cousas lhe propoinha e tam perfectas cousas lhe demandava que lhes pareçia o sermõ duro ētanto que nõ ētendiã as cousas que dizia. Aleem desto confesando-se os frades a elle e acusan- [16r] do si meesmos sobre desvairados escarniçimentos e vaidades de cuidaçõoes cumuaaes e humanaaes que nēhũu homē ē carne vivente avitar pode, extimando ē esta parte os homẽes seerē anjos. Dizia que taaes cousas de treeva e pecado nõ lhe podiã convinr certamente gostando el em grande parte a puridade angelical e da cõsciençia da singular graça que ja reçebera de Deus, sinplezmente afirmava a todo homē que em estas tentações ou pecados de cuidaçõoes nēhũu religioso podia cayr, ou se caise que nõ era verdadeiramente religioso. Mais os homẽes verdadeiramente religiosos e piadosamente prudentes onravã ē a preeegaçõ das suas palavras as cousas que nõ ētendiã e ē nas suas confisõoes, ainda que espantados fosem das cousas novas que lhe ouviã porque pareçia que fazia hũua sementeyra de desesperaçõ aos ēfermos. Porem açerca da sentēça do sancto Job por maldade aviam contradizer aas palavras do sancto, nõ excusando mais acusando a sua ēfirmidade na presença do homē de Deus, em presença do qual Deus nēhũu vivente pode seer justificado. Onde foy fecto que a piadosa humildade dos discipulos fose fecta meestra do meestre. E como asy fose que ao mandado delle reprēdente se humildasem os que erã reprendidos começou ao meestre spiritual contra os frades humildosos e sobjectos o seu zelo seer sospecto, entanto que elle acusava sua ignorançia e chorava sua neçesidade que lhe nõ conviinha chorar ·s· como nõ sabia falar e como ē falando aos homẽes cousas tam altas e nõ dignas danava as consciençias dos que o ouviam e como cõ tam grande [16v] scandalo demandava perffeicçõ aos ffrades ssinplezes ē o que se ainda nom achava perfecto. Cuidava ainda como elles ē seu silençio pensavã muito milhores cousas e mais vizinhas a sua saude que as que delle ouviam e que mais devotamente e eficazmente obravõ sua saude, ca do seu exenplo tomavã e que mais reçebiã de scandalo da sua preeegaçõ que concebiã de edificaçõ. E como asy fosse que sobre esto fortemente fose torvado e contristado e desvairadas condiçõoes açendesem ẽ o seu coraçõ. Despois de muitas ondas de cuidaçõoes e cruciamẽtos do coraçõ detriminou de se recolher de todas as cousas de fora aas * suas de dentro e hi fazer continençia ẽ apartamento do coraçõ e no sagredo do silençio e rrogar ao Ssenhor ataa que ẽ algũu modo sobre esto lhe revelase a vontade da sua misericordia.

[*The Holy Ghost speaks through Bernard.*
His father comes to Clairvaux.
Conversion of his sister.]

Nẽ tardou a misericordia do Senhor cõ a ajuda ẽ o tenpo que convinha. D'i a poucos dias pasados vio ẽ visom de nocte hũu moço cõ hua claridade divinal estar sobre sy, o qual cõ grande actoridade lhe mandava que cõ fiuza falase qualquer cousa que lhe veese aa boca porque nõ seria elle o que falaria mais o spiritu que falaria ẽ elle. E des entõ foy manifesto o Spiritu * Santo falante ẽ elle e per elle e lhe dante no abrimento da sua boca palavra mais poderosa e siso mais avondante nas escripturas e lhe adeo graça açerca dos ouvintes e actoridade e intindimento sobre o mỹgado e prove pecador penitente e penitençia demandãte.

E sendo asy que ja algũu tanto aprendese de conversar antre os homẽes e fazer e soportar cousas humanaaes e ja antre os seus frades e com elles começase de usar dos fructos da sua conversom, * o padre que soo ficara ẽ casa veo-se pera [17r] os filhos, o qual vivendo hy per algũu tenpo moreo ẽ boa vilhiçe.

A irmãa delles, casada no mundo e ao mundo dada, andando em periigoo das riquezas e delectos dese mundo, spirou Deus ẽ ella hũa vez que veese veer seus irmãaos, a qual, vindo pera veer seu irmãao Sam Bernardo, chegou a[a] porta do mosteiro cõ muita conpanha de soberba e de apariçimento mundanal e elle doestando-a e maldizendo asi como rede do diaboo pera ẽlaçar e tomar as almas, nom quis sair pera a veer e ella ouvindo como Sam Bernardo a nõ quiria veer e que nẽhũus dos frades eso mesmo lhe nõ quiriam falar nẽ a veer, se nõ seu irmãao Andre que achou aa porta do mosteiro repreendendo-a. O qual lhe dizia por o aparatu das vestiduras que trazia que era esterco envolvido e emvorilhado naquellas vestiduras. Ficou confusa e conpungida muito e começou de chorar e de se [de]reter toda ẽ lagrimas e dizer: "Se pecador soom, por os pecadores moreo Christo. E porque eu soom pecador, por tanto venho requerer e demandar conselho de bõos. E se meu irmãao despreça a minha carne, nom despreze o servo de Deus a minha alma. Venha e mande-me, e, qualquer cousa que mandar, aparelhada som pera a ffazer." Despois que seu irmãao Sam Bernardo soube que ella esto dizia, sayo a ella cõ seus frades e porque nõ a podia partir do marido começou de lhe interdizer e defender toda gloria do mundo no afectamento das vestiduras e ẽ todallas ponpas e coriosidades do segre, dizendo-lhe que tomase o modo e forma da vida de sua madre ẽ a qual muito tenpo vivera com o marido. E ella obedeçendo mui de vontade ao mandado do irmãao, tornou-se pera seu marido [17v] e ssua casa mudada assy trigosamente ssegundo o poderio da mãao do Senhor. Maravilhavan-se todos della por seer moça nobre delicada per tam subita mudaçom fazer vida heremitica ẽ meyo do mundo: no comer e vistido e ẽ vigilias e jejũus e continuadas oraçõoes e ẽ todo se fazer alhea do mundo. Per dous anos despois desto viveo asy com seu marido e no segundo anno dando elle honra ao Senhor nom quis mais quebrantar nem ẽçugentar o tenplo do Spiritu Sancto, mais seendo vinçido da virtude da sua perseverança feze-a livre de sy e outorgou-lhe leçença, segundo custume da egreja, pera servir Deus ao qual se oferecera. E ella, avida a liberdade e liçença que desejava, foy-se a hũu mosteiro de molheres e hi com sanctas monjas que serviam a Deus ofereçeu o mays do tenpo que lhe quedava de sua vida. Em o qual mosteiro lhe deu o Ssenhor tanta graça de santidade que nõ menos asy no coraçõ como na carne se provava seer irmãa daquelles homẽes de Deus.

[*Bernard goes to Châlons-sur-Marne to be
ordained by Bishop William. Friendship
of the latter for Bernard.*]

Sendo Bernardo ẽviado novamente a Cister e tractando-se como ouvese de seer ordenado no mosteiro pera que era tomado, e vagava aaquelle tenpo a see de Ligom, aa qual esa ordenaçom perteençia, e ẽquerendo os frades onde o levariam a ordenar, ouverom fama boa daquelle onrrado mestre Gilhelme, Bispo de Cathalauno, e detriminarã de o ẽviar aly. E asy foy fecto. Foy-se a Cathalauno e levou consigo hũu monje de Çister chamado **[18r]** Elbodano e ẽtrrou ẽ casa do dicto bispo e quando os que hi estavã o virõ mançebo e de pequeno e amortificado corpo e com habitu desprezavel e o monje que hia apos elle, mais velho e de maior e mais forte corpo, hũus rriam, outros scarniçiam e outros a cousa como erra ẽterpretavã e perguntando qual delles era o abbade. O bispo poendo primeiramente os olhos ẽ elle e oolhando-o conheçeu o servo de Deus o recebeu-o como servo de Deus. E como asy fose que ẽ falando com elle a de parte, a vergonha do seu fallar, milhor que toda fala, lhe demostrase a sua prodençia. Entendeo e sintio o bispo sabedor visitaçom divinal na vinda do seu hospede. E nõ desfaleceo a piadosa hospitalidade do bispo, o qual falando e conversando cõ elle familiarmente ẽtendeu ẽ sua consciençia que era homẽ de Deus. E que se dira mais? Des aaquelle dia, des aquela ora som fectos hũu coraçõ e hũua alma ẽn o Senhor, entanto que dali avante muitas vezes hũu tiinha por hospede o outro e a casa de Claraval era propia do bispo, e nõ soomente a casa do bispo era fecta dos de Claraval, mais toda a çidade de Cathalauno e ainda toda a provençia de Remes e toda França per elle era exçitada ẽ devaçõ e reverença do homẽ de Deus quando todos viram que aquele tamanho bispo o asy reçebera e honrava. Daly começarõ de lhe aver rreverença asy como se fose anjo de Deus, entendendo que pois aquelle homẽ de tanta actoridade mostrava tamanha afeicçõ a hũu monje nõ conhiçido e de tanta humildade que sentia ẽ elle graça.

[*Bernard becomes ill and is forced by
Bishop of Châlons to receive treatment.*]

Despois de pouco tenpo pasado ēfermando o abbade de tal gisa que ja se nõ sperava se nom morte sua ou **[18v]** vida mais grave que morte, veo o bispo visita-lo. E veendo-o e fallando com elle dise-lhe que nom soomente averia sperança ē sua vida mais ainda ē sua saude, se o quesese creer de conselho e lhe prouvese de consintir que lhe fose dada algũa cura a seu corpo segundo o modo de sua ēfirmidade. Ao que polo rigor e usu do seu custume que avia o nõ pode emclinar. Veendo o bispo esto foy-se ao capitolo de Cister e hy perante hũus poucos d'abades que hi cõveerã cõ a pontifical humildade e saçerdotal caridade deribados com todo o corpo ē terra pidio e lhe foy outorgado que lho desem todo hũu anno ē obediençia. Que se poderia denegar a tanta humildade ē tanta actoridade? Avida e outorgada asy a dicta pitiçõ, tornou-se o bispo a Claraval e feze-lhe fazer hua casinha pequena fora dos ēçarramentos e termos do mosteiro ordenando e mandando que se nõ gardase nē tevese açerca delle algũu apertamento e distriçõ da ordem no comer e no bever e nas outras cousas semelhavees e que nõ lhe recõtasem nē requeresem cousa algũa de todo cuidado e soliçitamento e regimento da casa, mais que ho leixasem alli viver segundo o modo per elle ordenado.

[*The author (William Abbot of St. Thierry)
describes Saint Bernard as he first saw him.*]

Em aquele tenpo eu começey de frequentar e hir veer Claraval e elle, e visitando-o ali cõ outro abbade achei-o ē aquella sua pequena casa quasy tal como cabana que se sooe de fazer pera os gafos. E achei-o per mandado do bispo e dos abbades, como dicto he, feriado de toda a cura e soliçitamento da casa, asy de dentro como de fora, dando obras a Deus e asi quasi nos delectamentos do paraiso sse alegrando e vivendo. E ẽtrey **[19r]** ē aquela real camara e consirando a morada e o morador della eu testemunho que tanta reverença me dava esa casa de seu senhor como se ẽtrase ao altar de Deus. E tanta afecçõ de duçura ouve açerca daquele homē e tanto desejo de morar cõ elle ē aquella proveza e sinplizidade que, se me derom a escolher ē aquele dia, nõ ouvera cousa que mais desejase que ficar ali senpre cõ elle pera o servir. E el recebe-nos cõ prazer e perguntando-lhe nos que fazia ou como vivia aly, respondeu-nos cõ aquele seu gracioso modo, rindo: "Vivo mui bem," dizendo, "eu a que os homēes razoavees ataa ora obediiçiã per justo juizo de Deus soom dado a obedeeçer a hũa besta sem razom." Esto dizia elle por hũ home aldeãao e vãao que nõ sabia cousa algũa e se gabava e gloriava que o avia de curar e dar sãao da infirmidade cõ que trabalhava ao qual fora dado pera lhe obedeeçer pollo bispo e abbades e pollos seus frades. E comendo nos aly cõ elle e esgardando como hũu homē de tanta providencia e tam ēfermo devia seer procurado como conpria e viiamos que aquelle seu fisico lhe fazia e oferiçia viandas que hũu sãao, ainda que fame ouvese, aadur comeria. Viiamos esto e maravilhavamo-nos e adur nos podia reteer silençio que nos nõ levantasemos contra elle asy como contra sacrilego e homiçida e cõ ira e ējurias o doestasemos. E elle, ao qual se estas cousas faziam, tudo tomava e todas estas cousas sem deferença aprovava asy como aquelle que tiinha o sintido corruto e açerca morto de gisa que aadur conheçia algũa cousa no sabor. Ca certo he que muytos dias comeu ē vez de manteyga unto [19v] de porco que lhe ffoy dado per ero e bebeu azeite ē vez d'auga e muitas cousas taaes lhe açonteçiam. E cuidava que era auga por que lhe arefentava as faços e o gorgumilo quando o bebia. Asy o achey entom e asy morava soo naquella casa aquele homē de Deus mais nõ era soo aquele cõ que Deus era e a guarda e consollaçõ dos sanctos anjos, o que per manifestos indiçios e provaçõoes foy demostrado. Ca estando elle hũua nocte orando mais atento do que soya e adormeçendo hũu pouquitinho ouvio hũuas vozes asy como de hũa grande multidom que pasava e acordando a ellas e escuitando ouvio-as milhor e saiou-se da çella ē que jazia e foy-se ē pos os que pasavõ. Estava dali perto hũu lugar speso muito cheo de silvas e de mato d'arvores bravas que agora he muito mudado daquello. Ssobrre aquelle lugar estavã algũas vezes asy como choros de hũua parte e da outra ordenados cantando, e o homē sancto os ouvia e se delectava. O misterio porem desta visom elle o nõ conhoçeu se nõ despois dalgũs anos: ssendo o mosteiro trasmudado donde estava e posto ē aquelle lugar onde ouvia aquellas vozes. Estive eu nõ digno asy cõ elle hũus poucos dias, e, esgardando cõ os olhos a cada parte, maravilhava-me quasy asy como se vise ceeos novos e terra nova e as antigas carreiras dos nosos padres antigos monjes do Egypto e ẽ ellas as peegadas rezentes dos homẽes do noso tenpo.

[Description of Clairvaux and the life of the monks.]

Era ẽtom veer Claraval veer mundo d'ouro porque os homẽes de virtude ẽ outro tenpo ricos e honrrados no mundo gloriando-se ẽ a proveza de Christo plantavã a egreja de Deus ẽ o seu sange, ẽ trabalho e miserias, ẽ fame e sede, ẽ frio e nuidade, ẽ persigiçõoes e doestos e muitas tribulaçõoes e angustias, [20r] preparando a Claraval aquella sufiçiençia e paz que oje tem. Estimando elles de viver nõ tanto asy como a Christo e aos frades que hi aviam de servir Deus, por minigalha aviam qualquer cousa que lhe desfalleçese, quando depos si leixasem algũa cousa que lhe abastase pera ajuda da neçesidade e pera algũa cosciençia da proveza de vontade por Christo. Logo aa primeira façe os que ẽtravã Claraval descendendo pollo monte conheçiam que Deus era ẽ as casas della, porque ẽ sinplizidade e humildade dos edifiçios o valle mudo falava a sinplizidade e humildade dos proves de Christo que hi moravõ. E ainda ẽ aquelle valle cheo de homẽes em o qual nemhũu estava ouçioso mais todos trabalhando cada hũu ẽ o que lhe era mãdado do meo dia aa mea nocte. Senpre os que viinham achavam silençio, afora o ssoom dos trabalhos ou se os frades nos louvores de Deus eram ocupados. Certamente a ordem e fama dese silençio fazia tanta reverença de si açerca dos homẽes e ainda dos sagrraaes que sobrevinhã que elles, nõ digo cousas maas ou ouciosas, mais ainda algũa cousa que fose pertẽeçente reçeavam hi de falar. Aquele lugar solitario posto antre as scuridõoes das matas e dos montes de hũa e da outrra parte vizinhos, ẽ o qual os servos de Deus jaziam scondidos, ẽ algũu modo representava aquella spelunca de noso padre Sam Bento em a qual os pastores ẽ algũu tenpo o achavã, asy que bem pareçia que na sua habitaçõ e sollitaria morada elles tiinhã algũa forma e semelhança da morada daquelle cuya vida seguiam. Certamente elles todos ẽ multidom eram hy sollitarios. E a karidade ordenada per razom da ordẽ [20v] fazia solitario aquelle valle cheo de homẽes a cada hũs. Que asi como hũu homẽ deshordenado, ainda que soo, elle he turba e multidom a sy meesmo, asy ali na unidade do spiritu e ē a ley do silençio regular e em a multidom dos homēes ordenada, esa ordem dava sollitaria vida a cada hũus de seu coraçõ. As casas e moradas eram sinplezes e a vianda e sustentamento dos que hi moravam semelhante. O pom nõ tam soomente pareçia de farelo mais de terra, e aadur ainda com grandes trabalhos dos frrades o podia tal lançar aquella terra daquelle deserto sterili. E todalas outrras viandas, quaaesquer que fosem, aadur tiinham algũa cousa de sabor salvo o que lhe a fame ou o amor de Deus fazia. Mais a sinplizidade do fervor noviço tolhia a sy ese sabor, porque, extimando e alvidrando elles quasy por peçonha qualquer cousa que ē algũu modo delectase o que a comia, recusavam os dõoes de Deus por a graça que ē elles sintiam. E como asy fose que açerca de todallas gentes de carnal soportamento o studo do spiritual padre cõ a ajuda da graça de Deus esto ē elles obrase que muitas cousas que ao homē ē carne vivente primeiramente pareçiam inposiviis, ja nã soomente fezesem firmemente e sem murmuraçõ mais ainda cõ grande delectaçõ. Esa delectaçõ trazia a elles outra murmuraçõ, tanto mais periigosa quanto a elles stymavã quasi mais remota da carne e ao spiritu mais chegada. Entendendo e quasi cõ testemunho de sua cosciençia tēdo ē sua memoria que toda delectaçõ da carne era imiiga da alma e alvidrando que deviã de fugir de qualquer cousa que a carne criase cõ qualquer delectaçõ. Pensando quasy per outra via seerem reduzidos e tornados ē sua regiom ou regnado [21r] porque per razom da dulcidom do amor de dentro comendo delectosamēte as cousas amargosas asy como doçes lhe pareçia que viviam mais delectosamente no hermo do que ante viviam no segrre. E avendo elles ē esto por sospecta algũ tanto a corecçõ do spiritual padre asy como se fose mais ē provecto da carne que do spiritu, fforom hua vez ao juizo do dicto bispo de Chatalauno que ētom aly veera cõ esta contenda e duvida. Sobre a qual elle, asy como homē poderoso ē a palavra fazendo-lhe sermom, dise açerca dello e pronunçiou que todo homē, que os dõoes de Deus por a graça de Deus recusava, que era imigo da graça de Deus e contradizia ao Spiritu Sancto. Trazendo a esto a estoria de Eliseu propheta e dos filhos dos profetas que cõ elle ē os lugares desertos faziã vida heremitica, como vindo elles hũa ora pera comer acharam ē a olla sua do cozer hũa cousa mortalmente amargosa e, per a virtude de Deus e per o misterio do propheta, que lançou ē ella hũa pouca de farinha, foy adoçada, dizendo: "Aquella olla profetica he a vosa olla que ẽ sy nõ tem outra cousa se nõ amargura e a farinha que tornou a amargura ẽ duçura he a graça de Deus que obra ẽ vos. Tomaay ergo seguros, dando graças a Deus, aquelo que ainda que menos acto fose aos usos dos homẽes a esto polla graça de Deus he fecto acto aos vosos usos pera delle usardes e o comerdes, ẽ o que se desobidientes fordes e nõ creerdes cõtradizees ao Sprito Sancto e soes ẽgratos aa sua graça."

[*Bernard returns to his previous ascetic life but again becomes ill.*]

Esta ergo foy a scola dos spirituaaes studos ẽ aquele tenpo so o abbade Bernardo e so seu magisterio ẽ [21v] aquella mui clara e muito amada valle: este foy o fervor da regullar disciplina, todas estas cousas elle fazendo e ordenãdo e edificando a Deus tabernaculo ẽ as terras segundo a semelhança que no monte lhe foy demostrada quando ẽ a sollitaria vida de Çister cõ Deus morava ẽ a nuvẽ. Despois que Sam Bernardo asi começou de conversar cõ os homẽes algũu tãto e ẽtender sobre o mingado e prove e aver conpayxõ cõ as infirmidades dos homẽes, prouvera-me que se ouvera tal açerca de sy como se avia açerca dos outros: tã begnino, tam discreto, tam soliçito. Mais logo como foy solto da prisom da obediençia daquelle ano e posto ẽ sua liberdade, asy como arco desarmado e tornado a seu rigor, e, rio dethiudo e leixado, se tornou ao custume do primeiro cursu, quasy retornando asy as penas e trabalhos daquelle tenpo que folgara. Verias hũu homẽ fraco e delicado esforçar-se e ẽtrar quaaesquer cousas que queria e nõ consiirar o que podia, soliçito por todos e açerca de sy mesmo negligente, a todos ẽ todallas cousas muito obediente, mais aadur aa karidade ou poderio de sy mesmo obedeeçente. Avendo senpre as cousas que ẽ seus começos fezera por nẽhũas, trabalhava por fazer mayores a nõ perdoar ao corpo a acreçentar na forteleza pera os studos spirituaaes, o seu corpo per desvairadas infirmidades ẽfraquentado sobre esto com jejũus e vigilias quebrantando. Orava stando de dia e de nocte ataa que os seus joelhos ẽfermados do jejũu e os seus pees inchados do trabalho lhe nõ podiã soportar o corpo. Muito tenpo e ẽquanto o ẽcobrir pode, trazia çiliçio ẽ sua carne e como lho sabiam logo o tirava de si. Seu comer era [22r] pam, lecte ou caldo de cozimento de ligumes ou papas. Todalas outras cousas recusava per razom da ẽfirmydade ou da sua abstinençia. E se algũa ora bibia vinho era poucas vezes e muito pouco, dizendo que mais cõvinhavel era a auga aa sua enfirmidade e ao seu desejo. Aadur consentia excusar-se do comũu trabalho diurno ou nocturno dos frades ou das ocupaçõoes e trabalhos de seu ministerio. Viiam elle e sua conversaçõ os homẽes fisicos e maravilhavan-se entendendo que tanta força fazia elle ẽ si mesmo aa natureza como se hũu coredeiro atado ao arado fose cõstrangido a lavrar. E come asy fose que aquele lançamento que ameude fazia polla boca das cousas cruas que lhe nõ podia cozer o stamago corruto começa-se de fazer avorriçimento aos outros, e mayormente no choro onde cantavã, nõ desenparou logo porem as colectas dos frades. Mais junto com o lugar ẽ que stava mandou fazer hũa cova ẽ que lançava aquella door e asi per tenpo como pode pasou aquela necesidade. Mais despois que tam perseverada foy que a nõ pode soportar, entom per costrangimento leixou as colectas e começou de morar consigo soo salvo quando per neçesidade lhe convinha de vinr ao convento per razom da disciplina claustral dos frades ou por graça de falamento ou de conversaçõ cõ elles. E aquesta foy aquella triste neçesidade per a qual aquela sancta fraternidade e irmandade * foy costrangida de poder careçer daquella conpanhia paternal de cada dia. Em o que doemos e choramos o triste efecto de sua ẽfirmidade, mais [22v] honramos o efecto do spiritual fervor e seu sancto desejo, ainda que ataa ora o efectu de sua ẽfirmidade nom deva seer chorado nem doido. E que, se per ventura a sabedoria de Deus per as ẽfirmidades daquelle homẽ quis ante confonder taaes e tãtas cousas fortes deste mundo? Qual he a cousa que ficou por fazer por qualquer infirmidade sua, que per elle, segundo a graça que lhe dada era, se devese de fazer? Qual he aquelle que ẽ nosa vida, posto que de robusto corpo e grande força fose, algũu tenpo tamanhas * cousas fezese como fez e faz este homẽ amortificado e fraco aa honra de Deus e ẽ provecto da santa egreja? Quamanho conto despois de homẽs per palavra e exenplo do segre nõ soomente aa conversom mais a perfecçõ? Quantas casas ou cidades de refugio fez e stabeleçeu per toda a terra dos christãaos pera quaaesquer, que pecasem a morte e de culpa de eternal morte fosem julgados, se rrenenbrem e convirtam ao Senhor e fugam pera ellas e se salvem ẽ ellas? Quaaes forõ os sçismas da egreja que nom amansou? Quaaes herisias nõ confondeo? Qual paz antre as egrejas e poboos descordantes nõ restituio? Estas cousas çertamente som comuas, mais quẽ contara quantos bens a muitos infindos homẽes singularmente fez segundo a causa e a pesoa e o lugar e o tenpo? E se ẽ elle se rreprende que exçedeo muito o modo do sancto fervor, certamente este exçeso acerca das piadosas mentes tem sua reverença polla qual quaaesquer que per spiritu de Deus som trazidos, muito reçeam reprender ẽ o servo de Deus tal exçeso. Tem ainda ligeira excusaçõ açerca dos homẽes porque aadur ousa alguem de cõdanar aquelle que Deus justifica tam muitas cousas e tam altas cõ elle e per elle obrando. Bem-aventurado he aquele ao qual [23r] soomente reputado he por culpa o que os outros todos soem * de presumir asy ẽ gloria. Foy ao bõo mançebo sospectosa a sua mançebia. Bem-aventurado çertamente he aquele que senpre he temeroso. Foy estudo e cuidado a elle de juntar ainda algũas cousas per cõsçiençia de seu trabalho, tanto conprimento de virtudes quanto avia per graça, mais e a sua vida, que ẽ todallas cousas he preposta pera se seguir, nõ careceu do exenplo da provectosa continençia. Em o que se o servo de Deus per ventura muito exçedeo certamente aas piadosas vontades nõ de muito exçeso mais de fervor leixou exenplo. Pera que trabalhamos de o excusar ẽ esto ẽ o que elle que todas suas obras teme ataa oje nõ queda de se acusar, causando ẽ sy sacrilegio por que tirou e removeu o seu corpo do serviço de Deus e dos seus frades quando cõ nõ discrepto fervor o tornou e fez ẽfermo e fraco e acerca innutile e sem provecto? Mais convalesceo da ẽfirmidade e o ẽfermo he fecto mais forte e mais poderoso. Certamente a virtude de Deus mais fortemente splandeçendo ẽ a sua infirmidade des entõ ataa oje fez açerca dos homẽes hũua reverença mais digna e ẽ a reverença actoridade, e ẽ a actoridade obediençia. Ja ẽtom divinalmente se fazia acto pera a obra da preegaçõ pera a qual como dicto he do ventre de sua madre cõ testemunho de divinal revelaçõ ẽ outro tenpo fora demostrado. Nem entõ soomente, mais ẽ todo tenpo de sua conversom e sojecçõ e prelaçõ, ordenante aquelle que o fazia, per ordem congrua e razoada hera pera esto stabeliçido. E nõ sabendo que se de si avia de fazer, nõ soomente aa ordem monastica, mais a toda hordem eclesiastica em esto hera aparelhado. E primeiramente elle dedicou e ofereçeu os começos de sua [23v] mançebia ẽ resusçitar na ordem monastica o fervor da religiom antiga per exenplo e palavra no convento dos frades dentro nos çercos do mosteiro dando obra a esto cõ todo studo. Despois desto sendo elle costrangido per infirmidade do corpo a outra ordem de vida e conversaçom, asy como dicto he, a neçesidade da doença e a ordem da neçesidade o removese e tirase mais do que soia da comua conversaçõ do convento, esta começou de seer a primeira ocasiom que quasy desposto e aparelhado pera os homẽes do segre, dos quaaes a elle vinha grande multidom, lhe preegase a pallavra da vida livremente e liberalmente ofereçendo * a elles a sua presença. E sendo asy que per obediençia elle fose tirado e levado mais longe do mosteiro por causas comuas da egreja e ẽ qualquer lugar que veese e onde quer que falase, nom podia calar que nõ falase de Deus nem çesar de fazer as cousas de Deus. Foy notificado asy ẽ breve açerca dos homẽes que a egreja de Deus nõ dissimulase de usar, * mais usase de hũu tã provectoso menbro em seu corpo achado ẽ qualquer cousa que conprise mais. E ainda que da primeira frol de sua mançebia elle senpre avondase ẽ fructos do spiritu, porẽ deste tenpo ẽ deante mais abastosamente lhe he ẽadida, asy como o apostollo diz: "A demostraçõ do spiritu pare fructu," .s. palavra mais abastosa de sabedoria e de esciençia * cõ a graça da prophecia, obramentos de virtudes e ajudas de desvairadas saudes. Das quaaes cousas algũas que per çerto recontamento aprendy, cõ a qual ffe que mas diserom e asiinaram homẽes fiees, cõ esa mesma as digo e asiino e cõ signaaes provo aos que as leerem.

[*Miracles performed by Bernard.*]

O primeiro ergo honravel signal que per mãao do seu servo [*lacuna*] *

[24r] da paz da boca do sancto logo ficou ẽ paz e a fonte das lagrimas foy seca e o moço tornou-se ledo e sãao a sua terra.

Saindo hũa vez o abbade despos os frades ao lavor ofereçeu-lhe hũu homẽ hũu seu filho mançebo pidindo-lhe que lhe prouvese de lhe poer a mãao. E o homẽ de Deus se excusava dizendo que elle nom era de tamanho meriçimento a que se taaes benefiçios ouvesem de pidir, que dar paso * aos mancos pertẽecia aa virtude dos apostolos e nõ aa sua. Vençido porem pollo rogo do padre, signou o moço e leixou-o, o qual logo daquella ora ẽ deante convalesceo e d'i a poucos dias o trouve seu padre outra vez e o ofereçeu sãao e salvo ao homẽ de Deus.

Foy hũa vez hũa conpanha de cavaleiros nobres a Claraval pera veerem ese lugar e o abbade delle. Era açerca o sancto tenpo da quoreesma e elles, açerca de todos, erã mançebos e dados aa miliçia secular, e andavõ çercando e demandando aquelles maaos e ẽpeeçives jogos que chamã torneos. E elle lhes começou de pidir que ẽ aquelles poucos dias que eram ante da quoreesma nõ usasem d'armas. Os quaaes cõ coraçõ ẽdurado o contradiserom e nõ quiserom outorgar. E elle dise entom: "Eu confio ẽ o Senhor que Elle me dara o que me vos denegaaes." E chamou hũu frade e mandou-lhe que lhe dese cerveja e benzeo-a e dise-lhe que bebesem o bebedor das almas. Beberõ ergo todos, algũus delles porem contra suas vontades per amor do segre, temendo aquelle amor da divinal virtude que despois per experiençia provarom. Como ergo sairõ pollas portas do mosteiro começarom de se açender hũus [24v] cõ os outros em pallavras porque o coraçõ de todos ardia ẽ elles. Inspirando ergo Deus e corendo trigosamente a sua palavra, ẽ esa ora se tornarom e converterõ de seus caminhos e ofereçeron-se aa spiritual cavalaria. Dos quaaes algũus ainda agora servẽ a Deus, outros tirados deste mundo regnõ ja cõ Elle. Nõ he maravilha que a maior idade honre este homẽ cõ devotos serviços quando ẽ devaçõ delle a divinal virtude exçita esa infançia e moçidade ainda quite e nõ sabedor de devaçõ e razom.

Conheçerõ muitos o nobre barom Valthero de Monte Maravilhoso, sobrinho de Frey Valthero que antre aquelles cavalleiros que disemos foy profeso a santa cavalaria. Este ergo Valthero mais mançebo, sendo ainda minino pequeno nõ mais que de hũu ano, tal que outra cousa nõ conheçia se nõ a mama, ofereçeu-o sua madre ao homẽ de Deus que o benzesse dando graças ao Senhor e alegrando-se porque mereçera d'aver em sua casa tam sancto hospede. E como asy fose que o home de Deus falase da saude e edificaçõ das almas aos que estavõ açerca delle, asy como ẽ todo lugar custumava de fazer, a madre do dicto minino tendo-o no regaço siia junto cõ os seus pees e stando elle asy falando aconteçeo que stendia aas vezes a mãao e o menino fazia querença e trabalhava polla tomar. Olharõ os que presentes estavã como o minino aquello fazia e tanto ameude e maravilhando-se todos, deu-lhe o homẽ de Deus lugar que tomase a mãao que desejava. Entom tomou o mi-

nino a mãao com as suas mãaos anbas e com grande reverença a
chegou aa boca e beijou-a e nom soomente ffez aquello hũua vez
ssoo mais tantas vezes o ffazia quantas o leixavam chegar aa bem-
aventurada mãao.

[*Illness of Bernard. His dispute with the devil
and other visions. Appearance and miraculous cure
by the Virgin, St. Lawrence and St. Benedict.*]

[25r] Era ẽfermo hũa vez o homẽ de Deus e corria per a sua
boca, que nom quedava, asi como hũu rrio de fleuma, de gisa que
lhe secou o corpo e desfaleçendo pouco e pouco chegava-se aa fim
de seus dias. Juntaran-se entõ e veerom seus filhos e amigos, asi
como pera exequeas de tamanho padre. E eu mesmo fuy ali presente antre elles, porque elle me tiinha ẽ conto dos seus amigos. E
pareçẽdo a nos que elle queria ja lançar o seu postrimeiro espirito,
pareçeu a elle que o levarom ante a cadeira do juizo do Senhor
e que Satam estava presente como seu aversairo, acusando-o cõ
maas acusações. E despois que acabou de dizer todo e que foy
tenpo de o homẽ de Deus por sua parte responder, sem torvaçõ e
spanto dise: "Eu confeso que nõ som digno nẽ poso per meriçimentos propios * aver o regno dos çeeos, mais meu Senhor o ouve e
tem per dobrado derecto .s. per herança de seu Padre e per meriçimento da paixom. E elle contente de hũu, da-me o ouutro per o
qual dom per derecto eu o venço e ey pera mỹ, e por tanto nom
som confundido." Em esta palavra foy confuso o imigo e o juizo
solto e o homẽ de Deus tornado ẽ si. Disi viindo elle ainda a maior
enfirmidade e disoluçõ do corpo, pareçeu-lhe outra visom mui
desasemelhada desta. Parecia-lhe que estava ẽ hua ribeira de mar
agardando por hũu navio que o avia de pasar. E chegando o navio
aa rribeira elle trigava-se por entrar e o navio se afastava e ẽpuxava
na auga ataa que fez esto trres vezes, e ẽtom o leixou e se foy e nõ
tornou mais. E elle ẽtendeo logo que nõ era ainda o tenpo do seu
pasamento. Porem a door creçia ainda e sendo elle mais triste
porque pariçia ja sua destruiçõ e fim. Aconteçeo que se fforõ todollos frades segundo custume aa liçõ das [25v] colações e ficou
o abbade soo com dous frades que com elle estavam ẽ a casa ẽ
que jazia. E sendo elle fortemente afligido e creçendo a door sobre

sua força, chamou hũu daquelles dous e mandou-lhe que fose trigoso orar. E elle escusava-se dello, dizendo que nõ era tam digno orador. E elle o costrangeo per actoridade de obediença. Ffoy elle e orou aos altares trres que ẽra ẽ esa egreja. O primeiro ẽ honra da bem-aventurada Madre de Deus e os dous postos açerca delle: hũu ẽ honra do bem-aventurado Sam Lourenço Martir e o outro ẽ honra do bem-aventurado Sam Beento Abbade. Em esa ora foy presente ao homẽ de Deus a dicta bem-aventurada Virgẽ, aconpanhada com aquelles dous ministros .s. Sam Lourenço e Sam Bento. Os quaaes lhe aparecerom ẽ aquella claridade e mansidom que a elles convinha e tam manifestamente que como ẽtrarõ ẽ na casa, logo conheçeu as pesoas de cada hũu. E poseron-lhe as mãaos e tangeron-lhe piadosamente os lugares da door e logo toda a ẽfirmidade foy fora e o rrio da fleuma foy seco e toda a door se partio.

[William of St. Thierry becomes ill and goes to Clairvaux. He is cured by Bernard.]

Como asy fose que eu hũua vez ẽfermase ẽ nosa casa e ja muito me fadigase e atribulase a door perlongada. Ouvindo elle esto enviou a mỹ o seu barom da boa memoria, Girardo, que me veese a Claraval, pormetendo-me que ou hi seria çedo sãao ou morreria. E eu quasi se divinalmente reçebese poderio e lugar de eu açerca delle morrer ou viver algũu tenpo (qual destas cousas ẽtõ mais quesese ora me nõ nenbro). Me parti e fuy logo lla ainda que cõ gram trabalho e door. Onde me foy fecto o que me pormitido fora. Foy-me dada saude de grande e periigossa ẽffirmidade, mais as forças do corpo tornarõ pouco **[26r]** e pouco. Oo, Deus bõo, que cousa de bem me deu aquella ẽfirmidade, aquellas ferias, aquelle chamamento! * Ẽ parte foy ao que eu desejava, porque aa minha neçesidade ẽ todo tenpo da minha ẽfirmidade ajudava a sua ẽfirmidade que elle ẽ ese tenpo padeçia. Anbos ergo ẽfermos todo o dia cõferiamos e falavamos da espiritual phisica d'alma e das meezinhas das virtudes cõtra as ẽfirmidades dos pecados. Certamente entõ elle me declarou ẽ quanto durou aquelle tenpo da minha ẽfirmidade de *Cantico Canticor.* moralmente antremetendo os misterios daquella scriptura porque eu o desejava asy e asy lho pedira. Cada dia quaaesquer cousas que lhe sobre esto ouvia, por me nõ fugirẽ, eu as scripvia ẽ quanto me Deus dava e a memoria ajudava. Em o que, expoendo-me elle benignamente e sem ẽveja e comunicando as sentenças da sua inteligencia e os sisos da sua experiençia e se trabalhando de me ẽsignar muitas cousas que se nõ podẽ aprender, se nõ per exprovamento e experiençia, nẽhũa cousa me faleçia pera as ẽtender. E se ainda ẽtender nõ podia as cousas que ante mỹ eram postas, elle mas fazia ẽtender mais do que eu soia. Mais destas cousas abaste o que dise ataa'que. Como asy fose que veese aquella dominica que he chamada Septuagesima e aa vespera do sabado preçedente esa dominica ja tanto convalesçese e podese que per mỹ me podia alçar do lecto e sair e entrrar aa vespera do sabado preçedente. Esa dominica começey de tractar da nosa tornada pera os nosos. A qual cousa como elle ouvio logo ma defendeo de todo ẽ todo e me interdise toda a sperança da tornada ataa a dominica da quinguagesima. Eu obedia * ainda que a vontade mo nõ outorgasse [26v] porque a infirmidade requeria o que me elle mandava. E querendo eu despois daquella dominica da Seutuagesima abster-me do comer das carnes que ataa'quelle dia per seu mandado e per costrangimento de neçesidade comera, defendeu-me. Ssobre a qual cousa nom curando eu dos amoestamentos que me fazia nem querendo ouvir o que me rogava nẽ obedeeçer ao que me mandava, asy na vespera daquelle sabado nos partimos anbos: elle calado, pera a conpleta, a eu, pera o lecto. E logo a raiva da minha ẽfirmidade reviveo, e, quasi outra vez tomadas todas suas primeiras forças, con tanta trigança e crueldade me arevatou e cometeu, e con tanta maleza toda aquella nocte me destroio e cruçiou sobre minhas forças e virtude, que desesperando da vida aadur cudey poder viver ataa o outro dia pera falar ao homẽ de Deus. E sseendo asi afligido em aquella door toda a nocte, como foy manhãa chegou elle e veo, nom me trazendo porem como soia aquelle geesto de cõpaciente mais quasy de reprendente. E soriindo me dise: "Oje comerees." E çertamente eu, que interpretava a desobediençia do outro dia seer causa da minha afliçom, respondi e dise que faria qualquer cousa que me mandase. "Pois que asi he," dise elle, "folgaay, que agora nõ morerees." E partio-se. Que direy? Logo toda a door se de mỹ tirou e partio, sse nom que por fadiga e trabalho daquella door de nocte todo ese dia aadur me pudy levantar do lecto. Qual e quejanda foy aquella door? Nom me acordo que ẽ algũu tenpo a tal padeçese. Ao outro dia eu fuy fecto sãao e reçeby força. E despois de poucos dias cõ bençõ e graça boa do meu bõo hospede me torney * a minha casa.

[*Fame of Bernard and Clairvaux is carried throughout the region. The Cistercian order begins to spread.*]

Como asi fose que o amado a Deus e aos homẽes Bernardo per tantas virtudes e milagres ẽfloreçese naquela sua **[27r]** vale e çidades e rigiões vizinhas, as quaaes a rrazom do cuidado domestico o costrãgia visitar, começou por comũuas neçesidades da egreja ou por karidade dos frades ou por obediençia dos mayores seer trazido a rremotas e distantes regiões a rreformar desesperadas pazes antre as egrejas e prinçepes do segre descordantes e a detriminar paçificamente cõ a ajuda de Deus cousas que per humanal siso e conselho erã nõ detriminavees. E fazendo, mais per virtude de Deus que per spiritu deste mundo, posivees de muitas cousas deste modo inpossivees, quasi traspassando os montes, começou de apareçer nos olhos de todos marvilhoso e honravel. Muito spiçialmente e em tanto começou ẽ elle d'esplandeçer a virtude da preeegaçõ que amollentava os duros coraçõoes dos ouvintes e aadur algũa vez tornava pera casa vazio. Despois, provectando elle bẽaventuradamente per usu de preeegaçõ e exẽplo de conversaçõ, começou de tomar e ẽçarrar na grande rede da palavra de Deus do pescador de Deus tam copiosas multidõoes de pexes razoavees, que de cada hũs tomamentos seus bem pareçia que podia seer chea a naviculla daquella casa. Onde de fecto he ẽ breve per mayor millagre de todollos milagres que ẽ esta vida fez que aquella valle ataa aquelle tenpo scura fose fecta, asy no nome como em sy mesma, "Valle Clara" per hũu homẽ ẽfermo e meyo morto e que soomente falar podia lançando pollas baixezas da terra, asy como de hũu alto monte de virtudes, lume de hũua claridade divinal.

E des entom açerca daquella vale que primeiro era chamada Vale Absençiall e Amargosa começarõ os montes destilar e lançar dul- **[27v]** çidom. Ella, que vazia fora e sterile de todo bem, começou de abastar ẽ spiritual fromento e do orvalho do çeeo e da bençõ de Deus ẽ tanto ẽgrosseçer todolos desertos della e com gente multiplicada magnificar a aligria, que pareçia ẽ ella conprido o que ẽ outro tenpo per o propheta he dicto aa cidade de Jerusalem:

"Dirã ẽ as tuas orelhas os filhos da tua sterilidade. Strecto he o lugar, faze lugar que moremos. E diras ẽ teu coraço: quẽ geerou a mỹ estes? Eu sterile e nõ parinte e estes quẽ os criou?" * Certamente ja dos lugares mais strectos daquella valle, as moradas da casa claustral cõ divinaaes revelaçõoes traspasadas ẽ lugar mais chãao e spaçoso som hi magnificadas e alargadas, e ainda o lugar he strecto aa multidom dos que hi morã.

Ja da casa daquella ordem as filhas desa casa aaquem e aalem dos Alpes e dos mares ẽcherã muitos desertos, e ainda som e cada dia veem aos quaaes cõpre seer catado lugar. E dali som de todalas partes pididos frades e ẽviados, porque por bem-aventurados se extimã os reis das gentes e os prelados das egrejas e as cidades e rigiõoes quaaesquer que daquela casa e disciplina do homẽ de Deus mereçerã de aver e gaanhar algũa morada. Que direy? Aalem dos homẽes ataa as barbaras naçõoes, ẽ que a natural fereza ẽ algũu modo desvistio a natureza humanal, esta religiõ he extindida. Onde per ella as bestas da mata som fectas homẽes, e, com os homẽes acustumados de conversar, aprendẽ cantar ao Senhor cantar novo. Por a qual cousa o pescador de Deus, mandante o Ssenhor, nom queda de lançar e extender as redes ẽ a prisom. De guisa que hũus sse partindo e outros ẽ lugar delles soçedendo nunca o cõprimento daquella sancta congregaçõ he minguada. Esto ataa ora **[28r]** fezerom e cada dia fazem os seus maravilhosos pescamentos Chatalauno, Paris, Moguntina, Leodiensi e outras algũas cidades e Frandes, Germania, Italia, Aquitania e outras quaaesquer regiõoes que algũa vez ou agora ainda acontece o homẽ de Deus visitar. Obrando a graça do Sancto Spiritu onde quer que vay torna cheo e o seu ẽchimento ẽ qualquer lugar lhe faz cõpanha. Nẽ leixa os seus que de ssy ẽvia, mais onde quer que som e elle senpre con paternal sollicitamento he cõ elles. E asi como se tornam os rios ao lugar donde saaem, asy vẽem e tornã a elle cada dia as cousas ledas ou tristes dos seus filhos. Muitas vezes ainda sem algũa relaçõ de carne ou de sange divinalmente se magnifesta e declara ao seu solicitamento paternal o que se faz açerca dalgũs delles, os quaaes delle som alongados e distantes, se algũa cousas lhe he de proveer, se algũua cousa ẽ elles he de ẽmendar: as tentaçõoes e exçesos delles, as infirmidades e mortes e os ẽcurssus de quaaesquer seculares tribulaçõoes. Porque muitas vezes por çertas neçessidades dos frades absentes manda aos frades que som presentes açerca de ssi orar * por elles. E aas vezes os frades que morrem ẽ outros lugares he çerto que chegã a elle per visom e lhe pedem a sua bençõ e leçẽça. Nom he maravilha de esto fazer a obediençia dos emviados e a karidade do mandante.

[Bernard receives revelations.]

Vim eu hũa vez a elle e ẽ lhe fallando vi e ouvi o que nom devo calar. Era presente hũu monje de Fusniaco que se logo avia de tornar pera os seus. E reçebida a resposta sobre aquellas cousas por que veera e partindo-se ja dele, ẽ o spiritu e virtude de Helias o fez tornar o propheta de Deus e nomeou-lhe * hũu frade daquella casa e presente mỹ lhe [28v] mandou que lhe disese que coregese hũas cousas escondidas, e se o fazer nom quesese que fose çerto que çedo vinria sobre ello juizo de Deus. E elle spantado preguntou-lhe quem lhe disera aquello. O qual lhe respondeu: "Quem mo dise, nõ cures, tu vay e di o que te eu digo, que nõ caias ẽ semelhavel pena de pecado, se leixares de o dizer." Eu me maravilhava sobre esto e maravilhando-me de tal cousa, fforõ-me delle contadas outras muito mais maravilhosas.

Gido, seu irmãao mais velho de todollos irmãos, homẽ de que siso e de que verdade foy, ssabẽ todos os que o conheçẽ. Este seendo nos ẽ hũu lugar anbos e fallando destas cousas e perguntando-lhe eu ẽ prazer asy como antrre os amigos se sooe de fallar. Responde-me: "Pataranhas som o que ouvis." E anichilando elle e mingando segundo avia ẽ custume as virtudes do irmãao, nõ querendo porẽ seer triste, a mỹ dise: "As cousas que nõ sey nõ vollas digo, mais hũua cousa sey, que per expiriençia provey .s. seerẽ reveladas a elle muitas cousas na oraçõ." Disi contou-me como quando da sua casa nova começarã de seer edeficadas outras novas casas da sua ordem, que aa pitiçõ e rogo do bispo de Chathalauno edificarã e fezerõ ẽ esse bispado aquella casa que se chama de Trres-Fontes. Aa qual ẽviarã abbade cõ monjes .s. Rogerio, homẽ de nobre geeraçõ segũdo o mundo e mais nobre segundo santidade, e algũs outros semelhavees cõ elle. Os quaaes ẽviados o spiritual padre nõ leixara, mais cõ paternal sollicitamento e afecçõ piadosa era cõ elles. E como seendo hũu dia soos anbos, o abbade e ese seu irmãao que me esto contou, falando hũu ao outro desses frades, subitamente suspirou o abbade alto asy como se ē seu coraçom sintise algūa cousa delles mais dura do que soya. E dise a seu irmāao: "Vay e ora por elles, e qualquer cousa que Deus te delles demostrar [29r] dize-me." O abbade ē esa ora jazia no lecto cõ grande ēfirmidade e elle spantando-se muyto desto, dise: "Çertamente nom farey, porque eu nõ sey assi orar que mereça d'enpetrar esto." Perseverando elle porē na sentença e mandādo-lhe que todavia orase, ffoy e orou. Orando ergo quanto pode, spargeo e lançou sua alma por cada hūus e con tanta mansidom de cõsciēçia ē orando foy spargido por cada hūus cõ feuza de ēpetrar e cõ toda graça de spiritual cõsolaçõ que o seu spiritu se alegrou por seer ouvido cõ çerta fe ē todos, salvo dous ē que a oraçõ titubou e a devacõ duvidou e a feuza desffaleceu. A qual cousa recontando elle ao que o ēviara logo pronunçiou daquelles dous o que despois foy visto per obra.

O abbade Rogerio e algūus que cõ elle erā, esses forom aquelles que ē outro tenpo o homē de Deus trouxera da çidade de Chathalauno, em os quaaes ētom outra semelhavel cousa fora fecta. Hindo elle ameude a Chathalauno por graça do bispo e tornando hūua vez trouxe cõsego hūua multidom de nobres e de lecterados, clerigos e leigos. Os quaaes estando ainda na casa dos hospedes como plantas novas que regava cõ çelistiaaes fallamentos, sobreveo o monge porteiro e denunçiou-lhe como ali estava presente Estevā de Intreio, meestre delles, pera renunçiar ao segre e cõ elles morar. Quem se nõ alegraria cõ a vinda de tal homē, maiormente porque aquella valle ainda nõ era muito avondada deste tal fromento? E elle revelando-lhe o Spiritu Sancto os asectamentos da spiritual maliçia calado hūu pouco e gemendo falou, ouvindo todos, e dise: "O maligno spiritu o trouxe aqui. Soo veo e soo tornara." Maravilhando-se todos aquelles que primeira- [29v] mente se nõ podiam teer cõ lidiçe quando ouvirõ a sua vinda. Porē elle por nom scandiliçar os pequenos ainda e novos filhos reçebeu-o e studiosamente o amoestou da perseverança e dos outros studos das virtudes. E sabendo e sendo çerto que de todo o que pormetia nēhūa cousa avia de fazer, mete-o na çella dos noviços aa provaçõ cõ os outros que verdaderamente Deus demandavā e aviā de perseverar. Mais de todallas cousas que dissera nēhūua cayo ē terra. Vio esse Stevā, segūdo elle cõfesou, stando aindo na çella dos nouviços hūu moço maurelo (negro)* que o tirava e lançava fora do oratorio. Steve ali açerca de nove meses e porem na fim desfaleçeo, como delle fora dicto, soo como veo asy soo tornou. Ffoy asy ēganada a maliçia do imigo, e aquelle dos noviços que aparelhava ē queeda, da queeda delle os outros som confirmados.

[*Miracles performed by Bernard: horse returned to its rider, various cures.*]

Ante que leixemos de fallar ē Chathalauno, aconteçeu hūua vez que tornando e partindo elle d'i, padeçiam grande frio e vento, asi elle como os que hiam ē sua conpanha e preçedendo e hindo deante pollo caminho muitos da sua conpanhia, os quaaes o nõ agardavã per razom da angustia do frio fficou ele açerca soo e aqueeçeu que o cavallo de hūu de dous, que cõ elle ficavā, per desavisamento se soltou e scapou e começou de fugir e correr per hūa terra chāa muy longe. E vendo elles que o nõ podiā tomar e que o frio e destenperança do aar lhe nõ dava lugar que fosem pos elle. "Pois que assi he," disse o homē de Deus, "oremos." Fīcou os geolhos em terra cõ aquelle frade que cõ elle era ē oraçõ e, ante que acabasem a oraçõ dominica, ex aquelle cavalo cõ toda mansidom tornou e foy estar ante os seus pees. E elle o tomou **[30r]** e emtregou ao que ē elle hia.

Leixando de ffallar na çidade de Chathalauno * e pasando aa çidade de Remes, aconteçeu hūa vez que sendo disensom e desacordo antre o bispo e o poboo de Remes era presente o homē de Deus pera lhe fallar e os concordar. E seēdo elle cõ Josleno Bispo de Suesiom ē o paaço dessa çidade e a casa chea de muita clerizia e poboo pera se aver de tractar a paz, ex hūa mizquenha molher veo presente todos e ofereçe-lhe hūu filho seu que pariçia demoninhado e todo cheo do demo, pidindo-lhe e rogando misericordia. Aquele filho se levantara ē esse dia contra sua madre e lhe dera e a firira de gisa que per pouco a nõ matara e foy logo feito mudo e çego e surdo e, tendo os olhos abertos nõ via, e todollos sintidos ē elle erā spantados e nõ avia ē elle ētendimento. O qual avendo conpaixom com a madre que por esto padeçia grande door e noyo começou de fallar blandamente aaquelle mizquenho mançebo e de o afaagar poendo-lhe as piadosas māaos polla cabeça e pollas façes

e de lhe preguntar como presumira de poer as mããos ẽ sua madre.
E elle tornando ẽ sy logo reconheçeu seu pecado, e pormeteo que
d'i avante o emmendase. E foy logo sãao e restituido a sua madre.

Em hũu mosteiro que chamã Alpensi antrre outrros ẽfermos que
viinhã catar cura, veo a elle hũa molher que padeçia hũa ẽfirmidade
chamada caduco. A qual ẽ aquella ora que estava cõ elle trigossamente foy arevatada daquelle mal e cayo. E o homẽ de Deus
tomou-a polla * mão e levantou-a logo e nõ soomente naquella ora
mais perfeitamente de todo ẽ todo foy curada da sua emfirmidade.

A duquesa do * Lothoringia, molher nobre, mas nõ tã nobre-
mente vivente, vio hũa vez ẽ ssonhos aquelle [30v] homẽ de Deus
tirar cõ suas mããos propias ssete serpentes do seu ventre. E sendo
despois per sua amoestaçõ costrangida a viver religiosamente, ataa
oje se gloria seer aquella da qual elle tirou sete demonios.

Conheçi eu hũu clerigo chamado per nome Nicolaao, dado
desperadamente ao segre, e per elle livre do segre. O qual tomando
ẽ Claraval o habito e ordem da conversaçõ monastica e vendo
aquelles que do prigo do mar deste mũdo alli fugirã remiir seus
dapnos e pecados cõ lagrimas cõtinuadas, e querendo elle fazer
semelhavelmente aquello e nõ podendo por a dureza de seu coraçõ,
rogou-o cõ grande door do coraçõ que lhe ẽpetrase de Deus graça de
lagrimas. Orou elle e ẽpetrou-lhe tãta e tam continuada cunpunçõ
de coraçõ cõ graça de lagrimas que aadur algũa vez despois podia
seer achado o seu vulto e os seus olhos sem lagrimas, e ainda quando
comia e quando hia per caminho ou quando cõ algem falava. Tantas
e tamanhas som as virtudes, que ẽ este modo delle vimos e ouvimos, e
as desvairadas ajudas e acorimentos açerca das desvairadas neçesidades dos homẽes que se algũu per palavra ou scripto todo quesese
pronunçiar, poderia geerar fastio aos ẽcreeos ou nõ creẽça aos fas-
tiosos e desprezadores.

[*St. Bernard's modesty, humility and obedience.*]

Quam puro he o olho da sua ẽtençõ ẽ todallas suas obras manifestamente o demostra o corpo do seu claro obramento. Squivando
e lançando de sy rezoadamente e religiosamente e nõ cõ gabamen-
to e gloriamento de vãa gloria mui grandes dignidades e honrras

eclesiasticas que o persiguiam e demandavã cada dia asi como digno e mereçedor dellas, que ẽ o seu obramento senpre gaanhou, que cobiiçou, ese obramento manifestamente o declara e demostra. E sendo elle digno pera seer costrangido a estas honras e dignidades [31r] nom sey per qual juizo de Deus e reverença de singular ssantidade ja açerca de todos gaanhou que algũa vez nõ posa seer cõstrangido contra sua vontade. Mais como asi seja que ẽ este modo elle fugio aa honrra deste mundo, nom fugio a actoridade de todallas honras, digno nas coscienças de todos, timido e amado no temor e amor de Deus, Onde quer que presente he nẽhũa cousa se ousa de fazer contra justiça, onde quer que algũa cousa fala ou faz por justiça he-lhe obeediçido. E garniçido per esta actoridade quando ẽ a egreja de Deus, a neçesidade da obediença ou da karidade o requere, nõ recusa o trabalho de seu corpo. A cuja vontade se ofereçeu assi, a cujo conselho se omildou asi todo poderio, asi eclesiastico como secullar. Rex soberbosos, prinçipes e tiranos e cavalleiros e roubadores em tal modo o temẽ e lhe ham reverença que pareçe ẽ elles conprido aquello que se lee no evangelho que o Senhor disse a seus discipolos: "Ex," diz elle, "dey a vos poderio de calcar sobre as serpentes e scorpiões e sobre toda virtude do imigo e nẽhũa cousa vos ẽpeeçera." * Certamente antre os spirituaaes e onde as spirituaaes cousas spiritualmente som examinadas, a elle he dada outra grande actoridade. Assi como se diz per o proph[e]ta dos sanctos animaaes porque, quando se fazia a voz sobre o firmamento, o qual pariçia aa cabeça delles, "stavã e somitiam suas aas." * Asy oye ẽ qualquer terra quaaesquer spirituaaes fallando elle ou tractando stam, dando-lhe lugar como a preçedente, e aos seus sisos e intindimentos sometem os seus sisos e suas intelligẽçias. Tantos ergo insignios de virtudes ataa oje e açerca dos homẽes * comendam aquelle santo homẽ, tantos testemunhos de santidade o çircõvalom, tantas karismas do Sancto Spiritu [31v] o alomeam, e aquello que de todas estas cousas mayor he e mui mais dificil nas cousas humanaaes, estas coussas todas pareçẽ seer ẽ elle sem enveja. Refrea delle ẽveja aquelo que de toda enveja maior he, em quanto a maldade do coraçõ humanal aquesto ameude çesa ao homẽ d'envejar per o qual nõ pode asçender. Mais ẽ elle ou mortifica toda enveja per exenplo de humildade, ou a muda ẽ milhor per provaçõ de karidade, ou se mais maa ou mais dura he, deriba-a cõ peso de actoridade. Quem he oje achado de tam aficaz e tam desejosa prudençia pera criar karidade onde he, pera a provocar e chamar onde nõ he? Tam bẽfector a quaaesquer que pode, a todos benino, tanta graça aver aos amigos e paçiençia aos imigos (se pode porẽ algũa vez aver algũu imiigo o que nunca ẽ algũu tenpo quis imiigar)? Asy como a amizade nõ he se nõ de dous, nẽ pode seer avida se nõ antre dous amigos, asy a inmizade nõ pode seer se nom per ventura de dous inmiigos. Quẽ nõ avoreçe ou nõ ama o que o ama, nom inmiigo, mais maao he. Mais aquelle que, todo homẽ amando, per sua virtude ẽ algũu tenpo nẽhũu inmigo ha algũa ora, porẽ padeçe algũua cousa inmiigando-lhe de graça a maldade alhea. A karidade, que o todo posue, paciente he, begnina he, sabedoria vençente maliçia, nõ paçiencia com paçiençia, ssoberba com humildade.

[Note by Burchard Abbot of Balerne on preceding material interrupted by death of author William of St. Thierry.]

(Subscripçõ da obra, a qual he escripta, a qual, morto o fazedor della, ffez e pos Burcardo Abbade de Balerna.)

A ssobredicta obra a qual he escripta da vida do santisimo homẽ Bernardo Abbade de Claraval ffoy ffecta e tracta- **[32r]** da per o honrado Gilhelmo ante Abbade de Sam Thederico,* mais ja emtom monje do mosteiro de Ssigmaçensy,* ao qual per desejo de folgança e de vida sollitaria se dera, ataa o tenpo que o çisma foy movido per Pedro de Leom contrra o Papa Inoçencio. Ffoy ao sobredicto fiel baram spiçial causa de a scripver, a amizade e familiaridade, pollas quaaes ho homẽ de Deus por muito tenpo era cõjunto. Onde tanta graça achou açerca delle que aadur poderia seer achado outro que mais amase que dentro ẽ seu coraçõ mais tevese pera comunicar os sagredos da amizade e pera conferer os falamentos dos spirituaaes misterios. A graça da qual familiaridade prinçipalmẽte delle sayee ataa ora e he magnifestada porque ese sancto scripveo muitas cartas a elle, ẽ as quaaes o que delle sente manifestamente se demostra aos que as leem. Scripveo a elle o Livro Apologetico e outro da Graça e Livre Alvidro. Foy porẽ a ese Gilhelmo a causa geeral de screpver mais poderosa da spicial ·s· o provecto de toda a egreja de Deus por nõ seer asy que scondido o vaso cheo de thisouro desejavel, esse thisouro semelhavelmente se sconda. Onde nõ sem razom se diz: "Thisouro nom visto e sabedoria scondida, que provecto he ẽ estas duas cousas?" * Demostra este thisouro desejavel ·s· as riquezas da saude por se nõ sconder cõ a terra o que terra nõ he, mais pedra mui preçiosa. Aconteçeu porẽ a elle contra seu desejo porque segundo elle ẽ seu prohemio denunçiou reçear, ocupado per morte nõ cõprio quanto no coraçõ conçebera descrepver. Porẽ quem chegar aa liçõ desta obra, de ligeiro asaz podera ẽtender a quanta perfecçõ o piadoso moço e religioso Bernardo, asy como outro Sam Bemto, ẽtrou aos começos de sua conversom, o qual ẽ o ventre da madre he visto tomar santificaçõ, da qual som conçibidos signaaes da santidade que avia de seer da vida e doctrina delle. O que ainda começou de fazer [32v] despois que foy ẽ idade de mançebia conta-se ẽ a ssobrredicta obra, e d'i avante ataa que foy homem de perfecçõ diligentemẽte he scripto quanto scripver pode o nobre screpvedor como dicto he.

[*Preface of the Second Book by Ernaud of Bonneval.*]

Mais ja morto algũs screpvedores levantando com louvor os fectos dos nobres barõoes cõ palavras sollepnes os çelebrarõ quanto cõ excelente ẽgenho e clara e abastosa lingoa poderõ. E como asy seja que o tractador e a obra cõ juntos abraçamentos per igal precctiosa fosem legados, e pera o proposto tegma * seer ordenado o engenho e a eloquẽçia conveerã, prosperamente he fecto e a materia dignamente ordenada e desposta per derecto curso veo ao porto manso e folgado. Mais quãdo a alteza do negoçio sob o meestre nõ sabedor, asy como navio ẽ periigoo de mar quebra nos penedos, e cainte o botamento do siso he lasada a presunçõ do tractador, tarde se ha conselho da corecçõ, porque aquellas cousas que ẽ muitos som spargidas nõ podẽ seer revogadas nem coregidas, e a descordança do escripto e das obras mais fremoso seria seer rapado que ẽmendado. Estas cousas eu cõmigo cuidando e revolvendo temo asi como soyo de reprender a nõ prudençia de muitos, os quaaes, careçendo de sciençia e facundia e trigosos a screpver, mungen-se tanto que tirã sange. Asy eu poerey mỹ mesmo ē scarnho e riso se começar o que he sobre mỹ. Quem som eu que quero sobir a screpver os fectos do mui santo barõ Bernardo Abbade de Claraval, o qual ē nosos tenpos per singular religom e doctrina emfloreçeu, cujo odor encheu toda a egreja, cuja graça, obrante o senhor, per sig[n]aaes e millagres he declarada? Quantos barõoes leterados, quantos rethoricos, quantos philosophos as scollas deste segre ēviaram ao seu mosteiro aa conversaçõ teorica [33r] e aos custumes divinos? Qual disciplina nom ēfloreçeu hi onde erã os exames dos meestres e egregios barõoes per emtendimento exerçitado nobres, os quaaes aos divinos studos se aprendentes cõ muitos actorizamentos de graças se ēsinã e açendem a revezes? Deverom certamente aquelles barõoes, aos quaaes nēhũa cousa ē algũa graça desfaleçe, tomar aqueste trabalho e ao honravel padre screpver os nenbramentos e memoria pera seer ao seu studo delectavel carta, a qual asy como vivente desem a leer aos discipollos e fose fecta perduravel consolaçõ acerca postas as reliquias do sancto corpo e sermõ. Mais a humildade de Claraval custumou de amar as cousas pustumeiras e aquellas que se aos homẽes scondē, e aquelles nobres barõoes ham vergonha de manifestar ē publico algũs demostramentos de si. E mais folgados os faz o desprezamento e ējectamento que qualquer oferiçimento de dignidade ē a qual lhe pareçe padeçer periigoo a profisom da humildade. Por estas razõoes e causas retendo-se nos couçes do sillençio, mais ē o ermo que ē o paaço se delectã: nem ja ē o stilo mais na cruz catã e demãdam a gloria. Em esto ergo, asi como ē as outras cousas deste modo, de boamente ēpoem as carregas dos seus negoçios aos outros. E ora morto Dom Gilhelmo da honravel memoria, o qual fielmente e devotamente screpveo os gloriosos começos deste sancto barom, aa minha pouquedade veo a pitiçõ desta obra e ēpose-me e mãdou-me a karidade da amada egreja que coza o pulmēto aos filhos dos prophetas. Em que se eu negligente misturar cousas amargosas, Eliseu, segundo confio, sobrelãçada a farinha cozera a amargura, e o desejo da obediençia excusara o exalçamento da nom sabedoria.

[*Beginning of Second Book. Election of Pope Innocent II. Conflict with partisans of Antipope Anacletus II and flight of Innocent's followers from Rome.*]

[33v] Em este tenpo moreo Honorio Papa. E logo sem tardãça seendo discordes os cardeaaes na ẽliçõ e a egreja divisa, os mais per conto e mais sãaos per conselho, per vida provavees, barõoes de virtudes, clerigos, diaconos, bispos, emlegerã Innoçençio, cuja vida e fama e hidade e sçiença era avida por digna do alto saçerdoçio. Mais a outra parte, per força e nõ per razom, corroborando ousamentos infames, nomeou sorratiçiamente e trigosamente cõ ẽganos e maldades Pedro de Leom desejante sobir a esta alteza contrradizendo Anacleto e os outros. Os que na parte chatholica eram o seu ẽlecto solepnemente ordenado asentarõ na cadeira e o trouveram per aquelles lugares ẽ os quaaes * de custume antigo os papas romãaos teem as seedas, e por tenpo foy honrra devida aa dignidade apostollical. Des entõ moravã açerca do paaço de Laterã nem era ja a elles nas casas proprias morada segura porque os algozes de Pedro os ẽfestavam cruelmente. E nõ lhe podendo hi perlongadamente resistir forõ reçibidos a tenpo so garda e fe d'algũs nobres barõoes romãaos em suas torres. Mais nõ perseverou ẽ elles fieldade, porque logo ẽ breve forõ corrunpidos ou per força ou per temor da grande multidõ ou per preço, ca tanta era a multidõ da gente de Pedro, asy per razom do linhagem como de seus criados e chegados que quasy toda a çidade o siguia. Elle juntara muitas riquezas asy das rendas da corte como d'outrras negoçiaçõoes e partes as quaaes tiinha gardadas pera aquelo. E sobre esto tiinha gardadas muitas riquezas de seu patrimonio as quaaes despendia e dava ao poboo e gente d'armas que pera esta maldade armava. As quaaes despesas tomou dos altares, os dõoes dos reis que fezerõ ẽ os ornamentos da egreja. E porque aquelles maaos cristãaos aviã vergonha ou temor [34r] de quebrantar os callezes e de partir e desmenbrar os crucifixos d'ouro, dizẽ que catarã judeos que os santos vasos e imaagẽes a Deus dedicadas quebrasem. Sendo ergo alugados pera esta trayçom e maldade cada hũu segundo * sua quantidade e modo publicamente venderõ a Pedro seu consintimento e esposerõ as mãaos e as armas ẽ todo sange e com conbates de

cada dia e cõ armas e malles seguiã e asectavã a parte que era cõ Inoçençio. Conveerõ ergo os servos de Deus * cõselho, e, porque cõ humanal força se nõ podiã defender, acordarã de se partir e leixar a çidade. E catarã calladamẽte navios ẽ os quaaes scapando da boca do leom e da mãao da besta se forõ pollo Tibre ao Mar Terreno e avẽdo boa viagẽ cõ bem-aventurança chegaram ao porto Pisano. Elles tiinhã ja ẽviados primeiro mesejeyros que intimasem a verdade do negoçio aa Egreja de França e amoestasem os bispos que se çingisem ẽ vingança da presunçõ, e dapnada a parte sçismatica, sobscrepvesem aa unidade. E porque ainda o negoçio nom era conpridamente notificado aos bispos nom quis algũu apartadamente dar consintimẽnto ataa que fose juntado cõçelho geeral ẽ Stanpas ẽ o qual comũumente detriminasem que reçeberiã ou que dapnariã. Certamente França nunqua cõ outras regiõoes maas e ẽclinadas a sçisma algũua vez ẽ tal fazimento foy ẽçujada, nẽ consintio aos erores dos maaos nẽ fabricou ydollo na Egreja, nẽ honrrou ẽ a cadeira de Pedro cousa contra natura. Nem a spantarã algũa vez ẽ semelhantes cousas os editos dos prinçipes nẽ prepos os proveitos singullares aos provectos geeraaes nẽ declinando ẽ [34v] parte deu lugar aas pesoas mais aa razõ.

[*In council at Étampes Bernard declares Innocent to be legitimate Pope. Innocent comes to France.*]

Convocado ergo e ajuntado açerca de Stampas o coselho ffoy chamado spiçialmente desse rey de Frrança e dos principaaes prellados o sancto Abbade de Claraval Bernardo, e, segundo elle despois confesava, veo e chegou tremendo com grande pavor sabendo bem o periigoo e peso do negoçio. Porem ẽ o caminho o consollou Deus demostrando-lhe ẽ visom de nocte * a grande Egreja cantante ẽ concordia nos louvores de Deus, donde sem duvida sperou que avia de vinr paz. Despois que ẽ o dicto lugar todos forõ juntos e despois que foy çellebrado jejũu e prezes espargidas a Deus, sendo el-rey, bispos e prinçipes sẽtados pera tractarem e fallarẽ do ffecto, foy acordado per hũu cõselho e hũua sentença de todos que o negoçio fose ẽposto ao servo de Deus e de sua boca pendese toda a causa. O qual elle por rogo e amoestaçõ daquelles fiees barõoes, ainda que temendo e trremendo, açeptou e tomou e prosiguindo diligentemente a ordem da ēliçõ e os mericimentos dos ēlectos, e a vida e fama do primeiro enlecto, abrio sua boca e o Spiritu Sancto a encheu. Elle, ergo hũu per boca de todos fallãdo, nomeou Inoçençio: "Deve seer rreçebido de todos ē papa." E todos ēsenbra ē hũua voz o ouverõ por firme e, cantados segundo custume os louvores a Deus, pormeterom d'i avante obediençia aa enliçõ de Inoçençio e todos ēsenbra sobscrepverõ.

En tanto o Senhor Papa em Pisa e Tusciia e ē outras muitas provençias cõ poderio despostas, dando graças aos pisanos foy trazido ē hũu navio e pasou per Bregonha e veo a Aureliano, onde ocorrendo os bispos foy reçibido cõ grande honra e lidiçe do [35r] mui piadoso Luis Rey de França. E dali o levou Gaufredo Bispo de Carnota, barõ de grandes virtudes, a Carnota onde foy reçeber o glorioso Rey de Ingraterra Henrique com mui grram conpanha de bispos e de nobres homēes. Este rey trouxe o honrravel abbade que a elle foy ēviado, e aadur o pode aver amoestado que veese reçeber Inoçençio, porque os bispos de Inglaterra o torvavam. E como asy fose que o dicto rey de todo em todo contradisese e rrecusase, dise-lhe o abbade: "Que temes? Temes ēcorrer pecado se obedeeçeres a Inoçençio? Cuida," disse elle, "como as de responder a Deus dos outros pecados e este leixa a mỹ. Ē mỹ seja este pecado." Aa qual pallavra foy amoestado aquelle rey tam poderoso e fora de sua terra veo a rreçeber o senhor Papa ataa Carnota. Tornando-se ētanto de Germania os mesejeiros do senhor Papa trrouverõ leterras de consintimento asy del rey como dos bispos e do poboo ē que lhe rogavã que se pasase a elles pera veerē a sua desejada presença mostrando-lhe que de legeiro o deviam elles de reçeber quando ja todos o reçebiam. Mais deteve-o o amor e devaçõ da Egreja de Frrança e cada hũus e todos agardavã visitaçõ apostolica. Alomeada ergo Frãça, chamou o Papa e juntou conçelho ē Remes em o qual despois de muitas cousas ordenadas e despostas coroou el-Rey, Rey Luis, vivente o padre, por Philipe seu irmãao. En todas estas cousas o senhor Papa nom leixava de ssy partir o abbade, mais cõ os cardeaaes aas cousas publicas siia. E ē apartado quantos negoçios tiinhã, conselhavã-sse secretamente cõ o homē de Deus. E elle recontava aa corte o que ouvia e dava ajuda aos apremidos. E acabado o conçelho ffoy-se o ssenhor Papa [35v] a Lleodio ao Rey dos Romãaos. E ffoy honradamente reçebido, mais asinha aquella claridade foy chea de nevoa. Çertamente esse rey começou de requerer mui aficadamente, entendendo que tiinha ẽtom tenpo convinhavel, que lhe fosem restituidas as invistiduras das egrejas, as quaaes a Egreja de Roma per muitos periigos e trabalhos vingara do Enperador Henrique seu anteçesor. De qual palavra os romããos espaveçerõ e forõ espantados alvidrando seer-lhe mayor periigo em Leodio que ẽ Roma. Nom çesava desto o rey ataa que se pos por muro o abbade sancto. E fortemente contrariãdo ao rey cõ maravilhosa liberdade reprendeu a maa palavra e com maravilhosa actoridade a refreou.

[*The Pope visits Claraval.*]

E tornando-se elles de Leodio quis o ssenhor Papa per sy mesmo visitar e veer Claraval onde com mui grande desejo foy reçebido dos proves de Christo nõ ornemẽtados de purpura e bisso, nom vindo cõ evangelhos dourados mais cõ vistiduras sinplezes trazendo sua cruz honesta, nõ cantando cõ braados mais cõ voz baixa e tenperada. Chorava̋ os bispos, chorava ese Papa: maravilhavan-se ẽ a gravidade daquella congregaçõ porque em tam solepne prazer os olhos de todos erã abaixados e fixos na terra, nõ vagavam nem o olhava̋ per algũa parte, mais abaixadas as capellas delles nõ viam algem e a elles viiam todos. Nemhũa cousa ẽ aquella egreja vio o Papa que cobiiçase. Nom avia hy alfaya que algũu delles cobiiçase. Nemhũa cousa virã no oratorio se nõ as paredes nuas. Nõ se podia a cobiiça extender se nõ aos custumes soomente, nem podia tal cobiiça seer dapnosa aos frades porque ainda que lhe levasem essa religiõ, nõ podia seer mingada. Alegravan-se e tomava̋ todos grã prazer ẽ o Senhor e a solepnidade, nõ cõ viandas mais cõ virtudes se fazia. Ally era posto pam raro por alvo, [36r] auga vinho por vinho, e por quaaes * outras viandas delectosas eram postas legumes. E se per ventura hi achado foy algũu pexe, aquelle foy presentado ao Papa, o qual mais provectou a todos em seer visto que comesto.

[*Some of the monks are possessed by the devil but are cured with prayer.*]

Ouve o diaboo ẽveja a esto, e nom podẽdo sofrer a gloria dos servos de Deus, os quaaes a presença de tamanho hospede ẽnobriçia, saindo elles cantando no choro cõ prazer e devaçõ e sendo presentes algũs cardeaaes que se delectavã ẽ os veer e ouvir, com avoricivel pavor torvou algũus dos frades, spiçialmente hũu o qual começou de fallar algũas palavras de blasphemea, dizendo: "Eu soom Christo. Dizee que eu soom Christo." Muitos dos outros sendo desto espantados e tremendo fugirã aos pees do sancto homẽ. E elle olhou pera os outros e dise: "Oraae." E desy cõ silençio levou aquelles que torvados pareçiã e reprende[u]-os e refreou por tal que aquelle imigo maao, que se esforçava de traspasar o convento da piedade e scolla de inoçençia ẽ a praça e ẽ riso, nõ podese corronper segundo pẽsava a extimaçõ dos homẽes relligiosos mais elle ficase scarniçido e sintise que nõ podia levar adeante a maldade que provara e trabalhara de fazer. Çertamente cõ tamanha trigança forõ todas aquellas cousas amansadas e apacificadas que aquellas pesoas que estavã açerca nom ouverõ notiçia algũa do que acontecera; e o maglino * inmigo trigosamente do estado nõ soomente nõ pode poer ẽ obra a aquelles ho escandolo que trabalhava de lhe fazer, mais ainda nõ o pode trazer ẽ notiçia delles. Dali avante se trabalhará os frades de poerẽ maior garda sobre sy, e per meriçimento e per numero e per posisões creçeu ao deante Claraval e, conventos multiplicados, foy extendida largamente a religiom daquelle lugar a ainda esse abbade sancto des entõ começou de ẽclareçer [36v] mais do que soya per millagres e signaaes.

[*Innocent returns to Rome but is expelled.*
Synod in Pisa.]

Nom pode o ssenhor Papa fazer grande tardança em França, mais assi como conveera com Rey Lothario, foy-se a Roma e per força de exerçito de gentes d'armas dese rey foy levado ao paaço de Laterã. E muitos dos nobres romããos e fiees aa egreja o reçeberõ honradamẽte. Mais Pedro de Leom nõ poendo Deus ẽ sua ajuda, mais valado e çercado da malliçia daquelles que se cõ elle prectejarã, stando ẽ mayores e mais seguras tores scarneçeu a virtude e poderio de Lothario e defendeu aos seus que nõ pelegassem publicamente, nõ se poendo en periigoo nem dando causa aos inmigos que pelegasem, mais soomente os ẽbargava contrariçoes e maldades. E nunca quis fallar ao enperador nẽ o poderã a esto enclinar ameaças nẽ afaagos, nõ querendo receber conselho de algũa pesoa. Leixou ergo o enperador Inoçençio ẽ Roma e foi-se a outras * partes. E como Pedro de Leom vio que o enperador era partido, meteu-se polla çidade com exercito de gentes d'armas e matou muitos daquelles fiees que erã cõ Inoçençio.

Entendendo ergo Inoçençio que nõ podia estar seguro em Roma, outra vez se tornou a Pisa onde logo forã juntados os bispos de todo o oçidente e outros religiosos barõoes. E foy hi çellebrada hũua grande e gloriosa sinodo ẽ a qual foy presente a todollos conselhos, juizos e difinçõoes o sancto abbade. E era-lhe dada grande reverença de todos, e os saçerdotes se lançavã ante os seus pees. E as cousas que ẽ a dicta sinodo foram tractadas seria [37r] longo de prosiguir, mais ẽ comclusom foy acordado finalmente que Pedro como todos seus fectores fose scumungado e lançado fora e ataa oye dura esta sentença.

[Bernard is sent to Milan to reunite schismatic factions. Performs miracles.]

Acabado e findo o conçelho emviou o senhor Papa pera recõçiliar os mediolanos o abbade de Claraval, que com muitas soplicações rogara, e Gido Pisano e Matheus Bispo de Albano, os quaaes ouvesem de lavar e tirar o sçisma que em esa çidade fora fecto per Anselmo e revogar e trazar aa unidade da egreja os que della fosem desviados. O sobredicto cõ os dictos barõoes que reçebera do senhor Papa por parçeiros e per comũu conselho emadeu aa conpanhia o honravel Barõ Gaufredo Bispo de Carnota cuja linpeza e innocẽcia ja ẽ muitas cousas provara. E apareçeu aos cardeaaes ser bem de o negoçio de tam grande peso seer ajudado per tamanho conpanhero. Quando os mediolaneses ouvirõ que o abbade que desejam veer chegava aos seus termos, sairã a elle longe da çidade a sete milhas todo o poboo: nobres e nõ nobres, a cavalo e a pee, meãaos e proves, asy como se da cidade se partisem e leixasem suas casas, e rreçeberõ-no cõ mui grande reverença. Todos ẽsenbra se delectavam ẽ o ver e julgavon-se por bem-aventurados aquelles que o podiam ouvir. Todos lhe beijavõ os pees e ainda que a elle aquello fose tristeza, per nẽhũa razõ podia refrear nẽ interdizer a devaçõ e humildade delles. Tomavõ ainda os cabellos que podiã das vistiduras delle e algũus pedaços de pano das faldras das vistiduras pera remedio das ēfirmidades, julgando por sanctas todallas cousas que elle tāgesse e elles averē de seer santificados pollo tangimento ou vi- [37v] sta dellas. E asy os que hiam deante como os detras com grande alegria plaziam ao abbade e hindo asy per gramde spaaço o aabbade detheudo antre aquellas conpanhas levarõ-no a hũa solepne pousada. E despois quando publicamente foy tractado o negoçio pollo qual asi o homē de Deus como os cardeaaes veerom, toda a çidade, leixada a revilia e contradiçõ que ataa ese tenpo tevera, se derribou e someteu aa obediençia dos messejeiros. E amansadas todallas cousas e a Egreja reconçiliada e firmados antre * os poboos os plectejamentos da concordia, começarom de nascer outros negoçios e a bandeira de Christo foy posta em contrairo ao diaboo que atormentava algũs corpos, e mandante o homē de Deus e per a virtude de cima fugiam delles os demonios spantados e tremendo. Esta era outra embaixada nõ firmada cõ leteras romāas mais cõ lex divinaaes e cõ leteras da sancta fe scriptas cõ o sange de Christo e seeladas cõ o seelo da † cruz, a qual fegura per sua actoridade fez someter e abaixar asi as cousas tereaaes e infernaaes. Em nosos tēpos nõ foy ouvida tamanha fe de poboo, tamanha virtude ē homē, porque o abbade fazia gloria aa sua creença cõ signaaes e millagres e elles aa santidade do abbade sintindo e crendo delle que qualquer cousa que ao Senhor pidise, que a ēpetraria.

Trouverõ-lhe ergo avendo sperāça e nõ duvidando hũa molher a todos conhecida, a qual avia sete anos que o spiritu mao atormentava, e rogarõ-lhe cõ humildade que mandase ē nome do Senhor ao diaaboo que fugise e que restituise saude aa molher. A qual fe [38r] do poboo fazia grande vergonha ao homē de Deus e por humildade nom presumia de o fazer, e, perseverando a pitiçõ do poboo, avia vergonha se resistise aa karidade dos que pidiam. E pareçia-lhe que asanharia Deus e fazia scuridom em a sua oĩpotencia se a fe propria desconcordase da fe do poboo. E trabalhava ergo comsego e, ainda que afirmase os signaaes se deverē fazer aos infiees e nom aos fiees, elle cometeu os seus ousamentos ao Spiritu Sancto e posese ē oraço. E desçendeu a virtude do çeeo e ē o spiritu da fortelleza doestou e afugentou Sathanas, e a molher ficou sãa e salva e folgada. Tomarõ grande aligria os que estavā presentes e levantarā as māaos ao çeeo e derā graças a Deus que d'alteza os visitara. Foy ouvida esta pallavra e sayo logo fama per toda a çidade. Per as egrejas, per os juizos, pollas praças se juntavam todos e ẽ todo lugar se fazia palavra do homẽ de Deus. Diziam publicamente que nẽhũa cousa a elle era inposivel que pidisse ao Senhor. E diziam e criiam e preeegavã e afirmavã que as orelhas de Deus erã abertas aas prezes delle. Nẽ podiã seer fartos ẽ algũu modo de o oolhar e ouvir. Hũus se lançavã ante a sua presença outros agardavã ataa que saise polas portas. Çesavã todos de seus ofiçios e artes e toda a çidade se juntava, e corriam a elle e lhe pediã que os tangese e benzese, creendo cada hũus de averẽ saude da sua bençom e tangimento.

Ao terçeiro dia foy o servo de Deus aa Egreja de Santo Anbrosio a çellebrar hy o divino misterio onde o stava sperando mui grande multidom de poboo. E, çelebrando-se cõ solepnidade a missa e cantando os clerigos [38v] e seendo elle açerca do altar, ofereçeu-lhe hũua moça pequena, a qual fortemente revatava e atormentava o diaboo. E rogaran-lhe que lhe acorrese e tirase della o diaboo. E elle ouvindo a soplicaçom dos que presentes eram e esgardando a door e torçimento e apertamento de dentes que a moça padeçia, entanto que era spanto e avoriçimento aos que presentes estavam, ouve conpaixom aa idade dela e doeu-se da door que padeçia. E tomou a patana do calez em que avia de çellebrar o divino ofiçio e lançou sobre os dedos hũa pouca d'auga e começou de orar antre sy, e, cõfiando da virtude do Senhor, chegou aquelle saudavel bever aa boca da moça e stilou ẽ o corpo dela aquella auga de meezinha. E logo sem tardança, asi como se Sathanas fose queimado per o lançamento daquella auga, nõ pode sofrer a virtude e, constrãgendo-o de dentro aquella vianda da cruz a elle cõtraira, trigosamente cõ hũu mui çujo revesamento sayo fora tremendo. E asy foy purgada aquella pesoa do diaboo que fugio e ficou cõfuso. E a egreja cantou a Deus os louvores devudos e o poboo com aligria steve alli quedo ataa que o divino ofiçio foy acabado. E asy ẽ vista de todos foy levada dos seus a casa a moça sãa e salva. E o homẽ de Deus tornou-se aa pousada aconpanhado daquelle poboo que o nõ queria leixar. Em aquelle tenpo ẽ Mediolano per juizo de Deus corriom os demonios aos homẽes e os atormentavam fortemente e nom avia hy quẽ lhe resistisse nẽ contrariasse, e como asy fosse que so ho sçisma de Anselmo, o qual como fector de Pedro ocupava a chadeira de Mediolano, os saçerdotes gemendo, as santificaçõoes maleditas e o altar em- [39r] çujado provocasem a ira de Deus ẽ o poboo. Certamente na vinda do homẽ de Deus fforõ removidos e tirados os ẽganos de Anselmo, e a Egreja tornada ẽ a obediençia da See Apostollica so Inoçençio, e foy ẽbargada aquella leçença dos diaboos e cada dia çesava e per as prezes do homẽ de Deus fugia o diaboo, e se algũas vezes se trabalhava de cõtrariar ẽ essa batalha caya e mais gloriosamente era vençido.

Antre aquelles ergo que erã atormentados, hũa molher grande de hũu çidadãao de Mediolano em outro tenpo honrada foy levada de muitos ataa a Egreja de Sancto Anbrosio apos o bẽ-aventurado barõ. Ẽ a qual muitos * annos avia que o diaboo morava e a tiinha ja asy afogada que lhe fezera perder a vista e o ouvido e a falla e apertava os dentes e lingoa. E tam desassemelhados modos fazia que ja nom pareçia molher mais cousa fora de natureza. A façe della era çuja e o vulto spantoso e o bafo fedorento que asaz mostrava que morava ẽ ella Sathanas. Quando o homẽ de Deus vio e oolhou esta molher conheçeu que o diaboo era apreso e invistido em ella e que nõ sairia de ligeiro da casa que tanto tenpo posuira. E tornou-se pera o poboo do qual hi estava grande multidõo e mandou-lhe que orasem com devaçõ, e eso mesmo aos clerigos e mõjes que junto cõ o altar estavam cõ elle. E mandou que trouvesem aly a molher e que a tevesem. E ella per a força diabolica e nom per natural virtude reluctando e couçejando, nõ a podẽdo os outros teer, ferio o abbade cõ o pee. O qual ousamento [39v] diabolico elle mansamente desprezou, e por o lançar fora, nõ cõ asanhamento de ira mais com paçifica e humildosa suplicaçõ, chamou Deus em ajuda e consagrou a hostia saudavel. E quãtas vezes signava esa hostia, tantas vezes se tornava contra a molher e lhe mostrava ese signal da cruz com o qual fortemente inpunava o spiritu maao. Porque cada vez que lhe mostrava o signal da cruz asanhava-se e ẽcruiçia mais, asy como se fosse ferido e couçejava contra o agilhõ. E acabada a oraçõ do Senhor, mais fortemente a começou de atormentar. E o homẽ de Deus pos ẽ a patena o sacro corpo do Senhor e pose-a sobre a cabeça da molher e dise estas palavras: "Oo spiritu maao, ex aqui he presente o teu juiz. Ex aqui he presente o mui alto poderio. Defende-te e risiste se podes. Presente he aquelle que por nosa saude padeçeu. Agora," dise elle, "o prinçepe do mundo sera lançado fora. Este he aquelle corpo que do corpo da virgẽ foy tomado, que no lenho da cruz foy extendido, que no muimento jouve, que da morte resurgio, que veendo os discipollos no çeeo ascendeu. Em o tirribel ergo poderio daquesta magestade mando a ti, spiritu malino, que te sayas desta sua serva e nom presumas d'aque avante a ella chegar." E vendo o imiigo que lhe era neçesario contrra sua vontade a leixar e nom poder ē ella mais ficar, atormentava-a mais cruelmente tomando tam grande sanha e ira quanto avia de pouco tenpo per ē ella estar. Tornou-se o padre sancto pera o altar e conprio o quebramento da hostia saudavel e deu a paz ao ministro que a dese ao po-**[40r]** boo. E llogo ffoy dada e tornada enteiramente paz e saude aa molher. E asi aquelle adversairo maao, nom per cōfisō mais per fugida, demostrou de quanta virtude e eficacia som os misterios divinos. Afugentado o diaboo e a molher, a qual ē a sartāa de tantos tormentos o carneçeiro pestelente tāto tenpo frigira, fecta sāa e tornados a ella a razō e o siso cōfesando Deus deu-lhe graças e esgardando ē o que a curara lançou-se aos seus pees. Levantou-se gram clamor per a egreja. Toda idade cantou a Deus, soarā os stormentos todos, bem-diserā a Deus, exçedeo a honra o modo, e, demostrada a karidade, a cidade honrrou o servo de Deus, sse licito he de o dizer, mais que homē.

Erā ouvidas estas cousas que se faziā em Medyolano * e per toda Italia discorria a openiom do homē de Deus e en todo lugar era devulgado que se levantara hūu propheta grande, poderoso ē obrra e sermom, o qual, chamado o nome de Christo, curava os ēfermos e livrava dos demonios os tēptados. Muy grande graça lhe era dada ē os curamentos das infirmidades, mais ameude obrava ē tirar os demonios porque maior conto de atormētados do demonio viinhā a elle e o obramento das mayores virtudes ēcubria as cousas menores. Ja por a frequencia do poboo, os quaaes des a manhāa ataa [a] vespera estavā aas portas, e nō podendo elle sofrer os apertamentos do poboo por a fraqueza do corpo, saya-se aas freestras da casa e mostrava-se-lhe e alçava a māao e benzia-os. E traziam cōsego pāaes e auga os quaaes elle benzia e levavan-nos pera cō elles fazerē benefiçios. Dos castelos, vilas e cidades vizinhas viinhā muitos a Mediolano **[40v]** siguir o sancto e pidir-lhe benefiçio, ouvir a sua palavra, veer os seus signaaes, e, mais que de creer he, se delectavā ē a sua doctrina e millagres.

Era presente antre aquelles que o viinham catar hūu homē d'açerca da çidade que trouxera aly hūu moço demoninhado. O qual arevatadamente antre todos por o signal da cruz que o homē sancto mostrou cayo dos braços do que o trazia e jouve ē na terra quasy morto sem algūu sintido e perdeo a voz e o bafo. Soomente açerca do coraçõ era huu pouco de sintido. Derom todos lugar que o homē que trazia o moço quasy morto podese chegar cõ elle ao homē de Deus. Espantada aquella multidom do poboo esperavã todos a fim de tam miseravel caso. Entrou ergo ao homē de Deus aquelle homē e pose ante os pees do abbade o moço spantado, o qual nēhua cousa sentia, e disse: "Senhor Padre, este moço que ante os teus pees pusi, ja trres anos ha que he atormentado fortemente do demonio e quātas vezes entrra ē a egreja ou lhe spargē auga benta ou lhe fazē o signal da cruz ou lhe mandā ouvir o avangelho ou quando he presente ao divinal sacramento, asanha-se o diaboo que ē elle mora e faze-o torçer mais cruelmente. E quando eu ora cõ os outros agardava aa porta, que tu figuraste o signal da cruz e extendeste a mãao ē os poboos, asanhado o diaaboo per virtude dos signaaes ssacramentaaes, mais fortemente do que soya, sse deu todo ē atormentamēto do moço, e asy como vees, ocupa todo o corpo delle e ainda o spiritu vital lhe ēçarra. Mais este moço, ouvindo acerca de nos a opiniom da graça que reçibiste de Deus e esperando a sua saude nos curamentos que fazes aos outrros, rogou-me que o trouvese a ty. Porē eu te rrogo per a misericordia de Deus que segundo teu piadoso e acustumado desejo [41r] sobcorras aos meus trabalhos, que ē sua garda cõ dapno e perigoo padeço, e aa sua miseria, que tanta he quanta cõ os olhos vees, que nom cõsentas que a rrayva do diaboo mais proçeda." Chorava aquelle homē e rogava a aquelles que estavã presentes que todos ēsenbra suplicasem cõ elle e pidisem ao homē de Deu aquello. Entom o homē de Deus mandou-lhe que cõfiasem na misiricordia de Deus e tangeu levemente o collo do moço cõ o cajado que trazia. E seu irmãao Girardo querendo exprovar as cousas que o homē disera feze-lhe scundudamente no espinhaço o signal da cruz. E como asy fose que primeiro jouvesse extendido no chãao per spaaço * grande ante os pees do abbade sem movimento e sentido, nõ veendo nē ouvindo, ao tangimento do cachado e ao signal da cruz se asanhou e torvado gemeu. Mandou ergo o abbade poe-llo sobre o seu lecto proprio. Mais elle, asi como se per injuria fose asanhado, lançou-se ē o chãao e apertava os dentes e mordia aquelle que o procurava e lançava as mãaos nos cabellos daquelles que o tiinham, e cõ quanta força podia trabalhava de se tirar das mãaos delles. E elles aadur o podiam teer. "Eya," dise o abbade, "tornade-o ao lecto noso." E orando o abbade e os fredes * ẽ esa oraçõ derribados, asi como se o diaaboo ardese ẽ as palhas que jaziam no lecto, per a força divinal que se chegava braadava e testemunhava a payxom do tormento que padeçia. Mandou ergo o sancto que lhe lançasem ẽ a boca auga benta a qual elle apertando os beiços e os dentes nõ queria reçeber, e per força cõ hua cunha lhe fezerõ abrir a boca e o apertamento dos dentes e a seu pesar reçebeu a auga dentro ẽ ella e per o gurgumilo. E como aquella auga de santificaçõ pasou e desçendeu abaixo, logo sayo a força maligna asi como se fosse ẽfundida e lançada [41v] meezinha contraira. E com hũu mui çujo arevesamento e movimento * sayo o demo asi como se fosse trigosamente empuxado e com injuria grande dali lançado. E logo aquelle que pariçia morto viveo e levantou-se do lecto do abbade sãao e folgado e abraçou seu tiio e disse: "A Deus graças, sãao som." Todos cumũumente derã graças a Deus e os que choravõ se alegrarã. Sayo fora clamor e foy devulgada e solepnemente preegada aquella cousa per as partes do lugar. Toda a çidade se juntou e veeo veer este millagre. Bemdiserom a Deus. Ouve grande prazer o poboo ẽ o abbade fazedor de tamanha obra e folgou o desejo de todo o poboo.

A muitos que aviam febre ese sancto poinha as mãaos e lhe dava auga benta a bever, e logo reçebiã saude. Tangia mãaos secas e menbros desolvidos de parelisia e logo erã restituidos a saude. Deu-lhe ainda o Senhor Deus graça que poendo o signal da cruz ẽ essa çidade aos çegos, reçebiam vista. Em esse tenpo que estavam ẽ aquela çidade foy o abbade aa pousada do bispo de Albom o qual lhe o senhor Papa dera por parçeiro ẽ essa ẽbaixada por razom de tractarẽ seus negoçios, e stavam falando ẽ aquellas cousas que lhe forã mandadas. Estãdo asi falando, veo trigosamente sobre elles hũu mãçebo que tiinha hũua mãao seca e retorta pera o braço e lançou-se aos pees delle e começou de lhe suplicar e pidir saude. E elle ocupado ẽ outras cousas benzeu-lha e mandou-lhe que se partise e cõ palavras mais asperas do que soya lhe defendeu que lhe nõ fezese mais tristeza nẽ fadiga. Partiu-se elle nõ levando a saude que demandara. Vendo o bispo esto mandou-o tornar e tomou-o cõ a mãao e ẽtregou-o ao abbade e disse: "A aqueste, que [42r] de ti nom ouve benefiçio e te obedeeçeu como lhe mandaste que se partise nõ lhe çarres o corraçõ da misericordia, mais tu obedeeçe e per virtude de obediençia astringido a mỹ mãdo-te: Faze o que pede e lhe da o que demanda. E confiando na virtude daquelle pollo qual demanda saude, pide e empetraras, asi que nos nos gloriemos do dom de Deus e elle se glorie da saude que deseja." Ao mandado do bispo o abbade tomou a mãao do moço e chamou o Senhor e ouvio, e ffecto o signal da cruz os nervos que erã ẽcolheitos forõ llogo stẽdidos e a carne, a qual a ẽfirmidade cõgelara tomando a saude, foy fecta movivel e, mais çedo que dezer pode, aquelle mẽbro emfermo foy sãao e forte. E ffoy spantado o bispo e maravilhou-se do efecto da virtude seer tã trigossamente fecto. E d'i avante cõ mayor honrra honrrou o homẽ de Deus e elle foy testemunha e recontador de seus millagres. Costrangeo que çease alli cõ elle aquella nocte, pera o que cõ grande dificuldade ouve cõsintimento dando-lhe razõ e dizendo que grande multidom de poboo o agardava e que nõ poderia sair sem periigoo. E em çeando anbos, deu o bispo ao servidor familiar a scudela ẽ que o abbade comera que a gardase e mandou-lhe que cõ diligençia a posesse ẽ tal luguar onde stevesse bem gardada. E disi pasados algũus dias esse bispo emfermou de hũa grande febre e recordou-sse do homẽ de Deus e mandou ao servidor familiar que se chegase a elle e dise-lhe: "Traze-me a scudela do abbade que outro dia te mandey que gardases." E elle a trouve e disse-lhe o bispo que lançasse em ella auga e hũuas pequenas sopas de pam. A qual cousa como foy fecta, confiando elle ẽ o Senhor e emcomendando-se [42v] nas prezes do abbade, comeu e beveu e logo sem mais dilaçom e tardança foy sãao e cõvaleçeo.

Creçia o conto dos que o viinhã buscar e as suas maravilhosas obras chamavam os poboos. Nom se dava folgança ao homẽ de Deus, quando do seu cansamento os outros demandavam per sy folgança. Hũus se partiam e outros viinhã ẽ lugar daquelles pidindo e demandando beneficios pera sy. Antre os quaaes hũu cavaleiro trouve ẽ suas palmas ao homẽ de Deus hũua moça a qual asy avoreçia a luz que senpre trazia çaradas as capelas dos olhos e ainda poinha o braço sobre os olhos ẽ tal modo que nõ podese veer algũua parte da luz. Tiravan-lhe aas vezes per força os braços de sobre os olhos e, como o lume dava em elles, braadava e chorava e era-lhe a claridade tormento e a luz vista fazia ao çerebro dela grande pena e tormento. Benzeu a moça o homẽ de Deus e

fez sobre ella o signal da cruz e leixou-a mais mansa. E tornando-a
pera casa o que a trouvera, ella per sua vontade abrio os olhos e
tornou-se pera seus pees. E em ese lugar, estando muitos presentes,
polla graça de Deus Padre de misericordia esse sancto deu saude
a hũa molher atormẽtada do demonio.

[*Bernard proceeds to Pavia where he continues
to work miraculous cures.*]

  Partio-se dali pera Papia onde ja avia fama das suas virtudes
e com devido prazer e alegria recebeu a çidade o homẽ de tanta
gloria. E por o desejo do poboo nom star perlongadamente agardando, o qual * sperava veer delle algũu signal segundo os millagrres
que ouvirã que fezera ẽ Mediollano, veo logo **[43r]** apos elle hũu
aldeãao que o ja vinha siguindo de Mediolano e trazia cōsego
hũa sua molher demoninhada, a qual pos antes os pees delle cõ chorosa voz lhe declarando os tormentos e coytas intrinsicas que padeçia. E llogo sem mais tardança o diaboo falou per a boca da
mesquinha molher e começou de escarneçer do servo de Deus e di-
zir: "Nom me lançara fora da minha cadella este que come porros e
verças." E muitos doestos ẽ este modo dise ao homẽ de Deus pera
o provocar a ira e lhe fazer que nõ ouvesse paçiençia e que fosse
confundido ẽ presença do poboo quando sse ouvisse seer doestado
per pallavras nom dignas. Mais o homẽ de Deus entendeu bem o
emgano delle e escarneçeu o scarneçedor e nom quis demandar vingança mais remeteu-a a Deus. Mandou levar a demoninhada aa
egreja de Sam Siro querendo dar a gloria daquella cura ao sancto
e que o começo das obras fose escriptu a elle. Mais Sam Siro re-
meteu o negoçio ao seu hospede e nom quis dar-lhe lugar ẽ algũu
modo na sua egreja e, asi como veo sem fazendo em elle algũua
obra, o fez tornar ao abbade. Foy ergo tornada a molher aa pousada
do abbade galrregando e palrrando o diaboo per a boca della e
dizendo: "Nom me lançara fora Siro, nem me tirara Bernardo."
A esto respondeu o servo de Deus: "Nom te lançara fora Siro nem
Bernardo, mais o Senhor Jhesu Christo." E pose-sse ẽ oraçõ e su-
plicou ao Senhor por a saude da molher. E entom o spiritu maao
asy como se ẽ elle fosse mudada a primeira * maldade dise: "Quam
de-boamente sairia fora desta cadella, ẽ que gravemente som

anojado, quam de-boamente sairia fora, mais nom poso." Ffoy-lhe perguntado por que e elle [43v] disse: "Porque nom quer ainda o grande Senhor." Ao quall o sancto dise: "E quem he o grande Ssenhor?" E elle respondeu: "Jhesu nazareno." E o homē de Deus outra vez lhe perguntou: "Donde conheçeste Jhesu ou viste-o ya?" E elle respondeu: "Vi." "Onde o viste?" Respondeo: "Ē a gloria." "E tu em gloria fusti?" "Fui," dise elle. "E como saisti d'y?" Respondeu: "Com Luçefer caymos muitos." Todas estas cousas falava que o ouviom todos per a boca da velha cō voz chorosa. Responde-lhe o abbade sancto: "Per ventura querias tornar ē aquella gloria e seer restituido ao primeiro graao?" E elle com voz mudada ē maravilhoso modo rrindo ē scarnho dise: "Tarde he pera eso." E nō fallou mais cousa algūa. E o honrrando homē de Deus orando mais atento, partiu-se aquele * mui maao spiritu vinçido e a molher foy restituida aa saude e deu quantas graças pode. Tornou-se ergo o homē cō a molher alegrando-sse per todo o caminho cō a ssaude della. E chegou a sua casa onde stavō sperando seus amigos e vizinhos e todos tomavā gram prazer os que ouviā a cousa como pasara. Mais logo mui trigosamente o prazer foy tornado ē choro porque logo como a molher chegou a sua casa ssem mais tardança o diaboo entrou em ella e mais cruelmente do que soya a atormentava. Quando esto vio o mezquenho do marido nō sabia onde sse tornase nē que fezese. Hera-lhe mui gram tristeza morar com a demoninha * e pareçia-lhe crueza leixa-la. Levantou-se e tomou comsego a molher e tornou-se outra vez a Papia e nom achou hi o homē de Deus. E foy apos elle a Cremonia onde ja era e contou-lhe o fecto rogan-[44r]do-lhe cō lagrimas que achase ē elle graça. Nom desfaleçeu a misericordia do abbade aa piadosa pitiçō: mandou-lhe que se fose dentrro aa egreja daquella çidade e que esperase aly orando ataa que elle fose. Disi renenbrando-sse do que prometera, açerca da nocte quando ja os outros hiā a dormir, foi-sse elle aa egreja levando soomente hūu ē sua conpanhia. Estando toda aquella nocte ē oraçom reçebeu do Senhor o que pidia. E empetrada a saude aa molher mandou-lhe que se tornase segura a casa, mais ella, temendo que o diaaboo outra vez se lhe tornase como ja fezera, mandou-lhe legar com stas palavras ao collo hūa carta em nome de Nosso Senhor Jhesu Christo: "Mando a ti, demo, que nō presumas daqui avante chegar a esta molher." O qual mandado asy temeu o diaboo que nunca d'i avante presumio de chegar aa molher, sendo ja tornada a sua casa.

Era ainda em esa çidade hũu demoniado cuja paixom movia muitos a riso e outros se doiam delle cõ desejo de cõpaixõ. Este ladrava asi que quẽ o ouvise e nom vise sua pesoa creria que era cam. O qual sendo presentado ao homẽ de Deus quando o ouvio ladrar, gemeu. O qual ladrava ẽ aquelle modo que os cããesf feridos ou asanhados sooem de rringer contra aquelles que os ferem. Mais ẽ presença do homẽ de Deus asanhando-se e ladrava, mais asperamente do acustumado se torvava. E doestado o diaboo e ẽ a virtude de Christo ẽpuxado, mandou ao homẽ que fallase. E purgado oo homẽ ẽtrrou ẽ a egreja e foy presente aos sacramentos. Fez o signal da cruz, ouvio os avangelhos, [44v] confesou-se e orou, e todolos outros ofiçios de homẽ sãao deu e ofereçeu a Deus.

Como asi fose que ẽ ese anno outra vez o padre sancto pasase per Mediolano, foy-lhe oferiçida hũa molher demoninhada porque nõ era alli ẽ aquele tenpo ẽ que primeiramente o homẽ de Deus veera aaquella cidade. Esta posuya o demonio o quall ora falava linguoa italiana ora spanhol. Nẽ era çerto se era hũu de duas linguoas ou douos, cada hũu de sua linngoagem, mais elle tã propeamente ora esta, ora aquella falava que quẽ o ouvise diria: "Este he italico e este spanhol." Esta ainda era doente nos geolhos e nos pees. A qual sendo trazida e presentada ao homẽ de Deus com hũu salto mui trigosamente saltou e pasou ho scano ẽ que siia. E tornarõ-na e perguntou-lhe por que saltara asy e fugia e donde veera tanta virtude e lidiçi a hũua velha emferma. Respondeu que aquella ligeiriçi era ẽ ella da presença do diaboo em tal modo que ella acalçaria os cavallos que coresem e se poiria no spinhaço delles. Aquesta em o siginte dia, estando elle çellebrando ẽ a egreja os divinos ofiçios, foy atormentada per gram espaço e mui cruelmente ante todos. Ouve conpaixom o abbade aa molher, sendo ja muitas vezes exprovado a misericordia de Deus ẽ taaes cousas, e mandou ao diaboo que se partise. E elle ao mandado do servo de Deus tremendo se partio e desapareçeo, e a molher nõ soomente do atormentamento diabolico mais ainda da infirmidade dos menbros foy sãa. Estas cousas e outras muitas obrou o homẽ de Deus stando antre os Alpes. [45r] E andando per desvairados lugares fazia bem aaquelles que ẽfermavam, alomeando os çegos, alçando os fracos, curando os que aviam febres, e, mayormente e com mais diligente estudo, curando e purgando os que eram aprimidos do diaboo e fazendo dos pectos que o spiritu maao ẽçujava tenplos açeptavees a Deus.

[*Humility and modesty of Bernard. He rejects many high church positions. Patience in enduring suffering.*]

Çertamente muitas cousas aprovadas e dignas de louvor cõcorrerõ ẽ elle, porque hũus se maravilham da doctrina, outros dos seus custumes, outros dos seus millagres. Eu çertamente dou onrra razoada a todas estas cousas mais sobre todas estas cousas, quanto ẽ mỹ he, eu preeego e ey por mui mais alta cousa esto: que como asi fose que elle era vaso scolhido e sem temor trouvese e preeegase o nome de Christo ante as gentes e ante os reis, e lhe obedeeçesem os prinçepes do mundo, e em toda naçom os bispos estevesem a seu mandado e essa Egreja de Roma per singular privilegeo onrrase os seus cõselhos e lhe elle sometese as gentes e os regnos e ainda, o que por mais gloriosa cousa he julgado, as suas palavras e fectos fosem cõfirmados per millagres, nunca exçedeo nem sobrepojou, nunca sobre si andou ẽ os millagres, mais senpre de ssi sintindo humildade nõ se creeo seer fazedor das suas honravees obras mais ministrador. E como asi fose que per juizo de todos era avido por muy alto, per juizo seu se avia por mui baixo. Qualquer cousa que fez, a Deus soo a escrepveo, mais ainda elle sintio e dise que nemhũa cousa de bem queria ou podia se nom aquello que Deus ẽ elle spirava ou obrava. Mais era presente a força divinal ẽ o tenpo convinhavel e ẽ o dia da saude apartando ẽ o seu evangelho o seu servo, cuja humildade esgardara, cuja alma [45v] o Spiritu Sancto ornamentara. E porque nemhũa maldade magoava a sua linpeza nem interrũpia o seu bem algũu spargimento de falsidade, ficava ẽ seu lugar ese spiritu nom movido. O qual pera senpre seer mais splandiçivel e mais puro cada dia era provado ẽ a fornaça, e que nẽhũua cousa de ferrugẽ o dapnase ou ẽçujase, cõ golpes de martellos ameude era ferido na cara, era disciplinado e reprendido, nom a pena por pecado mais a gloria por virtude. Nunca lhe desfaleçeu o aguilhõ da infirmidade. E como asy fose que elle soubese a virtude ẽ a enfirmidade seer perfecta, exprovava ẽ esto asi suficiente graça porque via todos os seus extraordinarios movimentos seer rapados cõ a lima daquella cotidiana afliçom. Certamente a carne era ẽferma mais o spiritu pronto, e quanto menos ẽ o corpo se podia delectar, tanto mais se delectava ẽ o Senhor. Nem era tangido de algũa cobiiça deste mundo o qual ẽ as soos cousas çelestiaees se delectava. Quantas egrejas viuvadas de pastores o enlegerõ pera si ẽ bispo! Enlegeu-o a domestica egreja de Ligom, emlegeu-o a egreja de Chatalauno. Dentro ẽ Italia a çidade de Janua e a çidade de Mediolano e a de Liguro desejarõ de aver este por pastor e meestre. Remes, mui nobre çidade de França, cabeça da provinçia da Segunda Belgica, desejou o seu senhorio. Todos estes chamamentos pospos e leixou, e a honra ofereçida nõ soliçitou a alma delle. Nẽ foy movido o seu pee pera se enclinar a gloria e mais se delectava ẽ o ançinho e no alferçe que ẽ o sonbreiro e ẽ o anel. E quando pera estas cousas era pidido ou requerido nom dava consintimento nem recusava cõ soberba ou cõ maa resposta, mais dizia que nõ era seu, mais servo dos outros. A qual cousa quando se requeria e dizia aos frades, respondiam: "Nos todas as cousas que posuiamos vendemos, e compramos [46r] hũa pedra preçiosa, e nom podemos ja tornar aos patrimonios desbaratados. E se o preço e a cousa apreçada nos pereçer e dos patrimonios e da pedra preçiosa formos privados, mal proveeremos ao noso speramento. Se o noso azeite despeso, fechadas as portas, asi como sandeus pidiremos e mindigaremos." Os sanctos frades proveerõ ja a si mesmos e erã defesos per actoridade do senhor Papa que nẽhũu podese tolher delles o seu prazer, e que a consollaçõ dos outros nõ fose fecta tribulaçõ a elles nem a sua mingua fose abastança aos outros. Per estas e per outras razõoes os servos de Deus viçiã os pididores e ja ẽ todo lugar devulgado era que o abbade era stabileçido de Deus ẽ a egreja, asi como foy Moyses ẽ o poboo dos judeus, o qual nom seendo saçerdote ou bispo elle porẽ ungio e sagrou Aaram ẽ saçerdote e bispo; e aas disposisõoes e mandados delle toda a soçessom levitica em todo tenpo obedeeçeu.

[*Bernard returns from Italy and finds that the monks at Claraval have remained united in faith.*]

Ja pasava pollos Alpes, e desçendiam a elle dos penedos altos os pastores e vaqueiros e homẽes das montanhas e braadavã de longe e pidian-lhe bençõ. E tornavan-se pera os montes onde tiinhã os gaados e cõtavã hũus aos outros cõ grã prazer como virõ o sancto de Deus e como estendera sobre elles a sua mãao e reçeberã a graça da bençõ que desejavã. Chegou a Grisopole e dali foy levado solepnemente a Ligom, açerca dos termos da qual veeram a elle os de Claraval poendo os geolhos em terra e levantando-se a o beixar e, falando-lhe a rre-[46v]vezes com alegria, o trouverõ a Claraval. Forõ todos os frades juntados ẽsenbra ẽ hũua vontade e com maravilhosa devaçõ reçeberom o amado padre. E com toda graveza sem arroido e torvaçõ fezerõ lidiçe. Nom podiam ẽcobrir o prazer e alegria, mais porẽ o modo dos actos e falamentos era asi castigado que nõ traspasava os propreos termos. Esas afecçõoes se refreavam de guisa que se nõ fezese cousa algũa ẽ que o signal da disoluçom asanhase a madureza da religiom. En tanta tardança do abbade nẽhũa cousa pode teer o diaboo ẽ Claraval, nemhũa cousa ẽ tanto da sua ferrugẽ pos ẽ as mentes linpas, nẽ foy movida em algũa parte a casa de Deus sobre a pedra fundada. Asy a fortelezara o servo de Deus, absente per corpo e per spiritu, presente a sua obra per perseverança de oraçõoes, que nõ pareçia ẽ ella algũu desfaliçimento. Lides ou cõtendas nõ estavã gardadas pera a sua vinda. Nõ sayrã odios criados ẽ presença do juiz de nẽhũa cousa de dureza ou asperaza. Nõ se queixarã os mais mançebos contra os priores, nem se queixarõ os priores contra os mais novos de algũa disolluçõ ou remissom. O estado de todos ẽteiro, a cõpanhia igal, a unidade linpa. Todos de hũu custume em paz e santidade forom achados ẽ a casa de Deus açendentes ẽ a escaada de Jacob e trigando-se ao sgardamento de Deus cujo aspecto delectavel pariçia ẽ as altezas. E o abade nõ squeeçido daquello que diz: "Viia Sathanas asi como corisco cainte do çeeo." Per aquella cousa elle era mais humildoso e mais sojecto a Deus polla qual ẽtendia que Deus era misericordioso e chegado aos seus desejos. Nẽ se gloriava ẽ ssi desto que os demonios erã [47r] a elle sobjectos, mais alegrava-se ẽ o Senhor, porque viia os

nomes dos seus frades scriptos * em o çeeo cuja unanimidade sem
magoa se gardara ē este mundo.

[*Bernard agrees to the move of the monastery
to more spacious location.*]

Erã a elle presentes ē os conselhos os seus honravees frades. Era
presente Godifredo, prior dese lugar, seu propinco ē carne e ē
spiritu, homē sabedor e firme, o qual per mereçimento de religiõ
e prudençia despois foy fecto bispo ē a egreja de Ligona e rretendo
a forma da sanctidade e nom mingando a honra da dignidade ē que
he, ataa oje ētrando e saindo, laudavelmente persevera. Aqueste ergo
e outros muitos providos barõoes e do comũu provecto sollicitos
costrangiã algũas vezes descender o homē de Deus cuja conversaçõ
era no çeeo e demostravan-lhe o que a neçesidade da casa demandava. Diseron-lhe como aquelle lugar ē que estavã era streito e nõ
proveitoso nē era capaz de tãta multidom e, porque cada dia creçia
o conto dos que vinhã, que nõ podiã caber ē as casas que erã fectas
e que o oratorio adur abastava aos monjes soos. Diserõ ainda que
esgardarom a fūdo de hũu chãao pllano e chegado ao rio que abaixo
coria, e que ally era lugar spaçioso pera todas as neçesidades do
mosteiro: pera prados, pera lavoira, pera virgeus, e pera vinhas, e
que avia hi abastança de pedra pera os edifiçios e pera se çercarē
de paredes. Em começo desto o homē de Deus nom deu consintimento ao conselho e dise: "Veedes como cõ muitas despesas
e suores ja som fectas as casas de pedra e ço grandes custas os
canos d'auga som fabricados e metidos pollos edefiçios e ofiçinas.
Sse todas estas cousas quebrarmos e desfezermos, poderam sintir
mal de nos os homēes do mundo e dizer que ou somos leves e
mudavees ou que as grandes riquezas, as quaaes porē nõ [47v]
teemos, nos fazem ēsandiçer. E como asy seja que a nos * he çerto
que nõ teemos dinheiros, per a palavra do evangelho eu vos
digo que neçesario he aaquelle que he de edificar a torre cõtar as
despesas da obra que ha de fazer. Ca doutra guisa quando começar e
desfalleçer, sera-lhe dicto 'Este homē sandeu começou de edificar
e nom pode acabar'." * A estas cousas responderom os frades: "Se
gastadas as cousas que ao mosteiro pertēeçē, Deus çesase de

emviar aqui moradores, poderia star a ssentença e razoado seria çesar-sse das obras. Mais pois que cada dia Deus multiplica a sua manada, ou nõ reçeberemos os que Elle envia ou se proveera morada ẽ que sejam reçebidos. Nem he duvida que aquelle que aparelha os moradores, que esse aparelhe as moradas. E çertamente nõ seja que por desconfiança de despesas ẽcorramos ẽ periigoo desta confusom." Ouvindo o abbade estas cousas, foy delectado ẽ a fe e karidade delles, e despois deu consintimento ao cõselho, emviadas a ofereçidas, porem, primeiro sobre esto muitas prezes ao Senhor e demostradas ẽ ello algũas revelaçõoes. Fforom mui ledos os frades quando lhe foy dada reposta ẽ publico do consintimento. Ouvio esto o mui nobre prinçipe Theobaldo da sancta memoria, e deu muitas cousas pera estas despesas e pormete-lhe grandes ajudas. Ouviron-no os bispos das comarcas e os nobres barõoes e os negoçiadores da terra, e cõ ledo coraçõ, sem seerem demandados, de sua vontade derõ pera a obra de Deus abastosas esmollas e ajudas. E despois que teverõ despesas ẽ abastança e os obreiros alugados, começarã a obra, e esses frrades trabalhavã ẽ ella. Hũs cortavã paaos, outros quarretavã pedras, outros faziã paredes, outros faziam canaaes per que lançasem parte das **[48r]** augas do ryo e as fezesem sobir pera moinhos e canos per que fosem a todollos ofiçios e artifiçios e ofiçinas e se sservisem dellas, e que per eses canos se tornasem ao principal canal en tal modo que esse riio reçebese a sua propria cantidade das dictas augas. E com grande trigança fezerom muros, os quaaes spaçiosamẽte çercavom todo o situamento do mosteiro. Foy mudada a egreja primeira ẽ aquelle lugar e casa acabada, e creçeu e provectou ẽ breve.

[Gerard Bishop of Angoulême foments schism in Aquitaine.]

Trabalhava ẽ aquelle tenpo sso o aprimimento * dos sçismaticos toda a provençia burdegalense, e nom era ẽ Aquitania que podese contrariar ao prinçepe cujo coraçõ Deus ẽdurara. O qual per conselho e outorgamento do bispo de Engolismo, que ẽ o coraçõ delle stilara semente de discordia, era fecto actor e defensor de sçisma. Quaaesquer que nõ subscreviã ao reçebimento de Pedro * de Leom erã despostos a persigiçõoes: que hũus erã apenados ẽ dapnos, outros ẽ pirdimentos dos bens, outros erã tirados das seedas proprias e lãçados ẽ desterramento. Com demostraçõoes e blandimentos faageiros de cada dia induzia o conde daquella terra, como a serpente antiga, aquelle bispo, o qual per longo tenpo ẽ aquellas partes fora ẽviado da see apostolica e vendo-sse a aquelle tenpo lançado fora de tamanho magisterio, nõ podia padeçer que ficase bispo da sua soo egreja, o qual se vira meestre e prinçepe de toda Aquitania. Avia vergonha de tornar aa primeira casa, porque ao seu poderio forõ subdittas as provençias Turonica, Burdegalense e Anxiense, e todo aquelo, que dos montes dos Iberos ataa Liguro abramje e ençarra o Mar Ocçeano, era sobjecto ao seu ssenhorio. Acustumado ergo de roubar as provençias e de fazer gaanho das causas emergentes [48v] sob titollo de justiça, juntara dinheiros que tiinha ẽ idolo. E vẽdo que lhe pereçia a actoridade da tirania e veendo a casa soo e sem dinheiro, a qual ante era chea de muitos braados e clamores, nom podendo aver paçiençia nẽ podendo sofrer que as suas mãaos nom fosem cheas de dõoes como homẽ de astucia serpintina, trigosamente ẽviou a Pedro de Leom que lhe conçedese ẽbaixada e que elle lhe faria juramento de fieldade que lhe obedeeçesse, e, que aalem desto, que inclinaria ao seu senhorio o prinçipe da terra e quaesquer que podese. Ffoy ledo o homẽ de perdiçõ porque cuidou que achava lugar ẽ que dilatase e extendese sua maliçia. E logo cõ boa vontade outorgou. E em conçidimento do error trigosamente lhe delegou Gilom, cardeal bispo de Tusculano, o qual soo dos romãaos cõ Pedro bispo Porteenisi cõ elle era. E Girardo, que ante se doya e sintia deçepado, tornou tomar os cornos e começou d'i avante mais seguramente e mais audaz apareçer porque publicamente andava mitrado, o que ante nõ fezera, pera eses insignios do sacro ofiçio lhe vingarẽ mayor reverença ẽ os poboos. Ffoi-se ergo ao conde e cometeu-o cõ dinheiros e cõ demostraçõoes ẽpeçoentadas e o departio e cõronpeo de ligeiro asi como homẽ leve. Logo ẽ as primeiras cousas que começarã de fazer ffoy lançado por força fora da çidade Pictavenssi Gilhemo bispo, homẽ catholico e stavel ẽ a conpanhia e defensom da universal egreja, e foy dapnado de Girardo e do cardeal seu ajudador, porque nõ era da parte de Pedro. Eram outrras familiares cousas, por as quaaes lhe o conde era infesto e sanhudo, e davã ocasiom que de vontade o persiguia e negava. Pareçeu asy a Girardo como ao conde que pera confirmaçõ da sua parte trigosamente criasem bispo ē Pictavo. E acharõ hūu homē, cobiiçoso, nobre ē geeraço, mais nõ tal ē fe, o qual [49r] ēlegerõ per consintimento d'algūus clerigos pera meterem cō elle ē a causa sua geeraçõ e, ēpoendo-lhe as mããos ēçujadas e nõ dignas, nom soomente ungirom mais ēçujarõ a cabeça delle. Ssemelhavelmente ē a egreja Lemoviçensi meterã hūu Ranulfo, abbade dorotenssi, o qual nõ muito despois se sseguio a vingança divina. Ca hindo per hūu caminho chãao, cayo do cavallo papo ariba e meteu-se polla boca delle huua pedra vingador, que pera aquello alli jazia, a qual lhe pasou o cerebro, e logo espirou.

[*Geoffrey, Bishop of Chartres, asks Bernard to go to Aquitaine. First, Bernard goes to Nantes where he cures a woman possessed by the devil.*]

Ouvindo estas cousas e deste modo o honrravel Barom Gaufredo, bispo de Carnota, ao qual toda a ēbaixada de Aquetania * fora ēcomendada pollo Papa Inoçençio, doeu-se muito dello e detriminou de socorer logo sem algũa dilaçõ, leixando todolos outros negoçios, aa egreja ē periigoo posta. E demandou ergo e rogou o abbade de Claraval que lhe socorrese pera tirar e remover tanto malles. Consintio-o o homē de Deus e declarou que queria logo levar congregaçõ de monjes ē Brethanha a hūu logar o qual açerca de Nanneto a condesa Ermengardis aparelhara. E pormeteu que, desposta e ordenada aquella casa segundo sua geeraçõ e suas species, que hiriã çō elle ē Bretanha. Partiran-se ergo anbos e abreviando chegarõ a Nanneto. Era ē aquela regiom hūua mizquenha molher que era atormentada de hūu diaboo luxurioso * sem vergonha. Ella tiinha marido, o qual porē nom era sabedor de tam avorriçivel cousa. Aquele diaboo adultero e çujo invisibelmente dormia cō ella, jazendo ē esse lecto o marido, e cō luxuria sem midida atormentava. Seis annos foy escondido este mal, nem descobrio aquela [49v] molher perdida o doesto de tamanho crime. Em o anno septimo foy confusa ē si mesma, e expaveçeo, assi por a çugidade de tam continuada torpeza, como por temor de Deus per cujo juizo timia hūa ora seer arevatada d'antre o marido e o diaboo e dada ē cōdepnaçõ. E foi-se aos saçerdotes e confesou-lhe este çujo pecado. Começou de descorrer e peregrinar per lugares sanctos e rogar e demandar ajudas dos sanctos, mais nēhũa confisom, nēhũa oraçõ, nēhũa smolla lhe pode valler. Cada dia, asi como ante e ainda mais, era infestada do demo ataa que publicamente foy descuberta e devulgada aquella maldade. A qual cousa ouvida e magnifestada, o marido della avoreçeo aquelle pecado. E em esto chegou ao dicto lugar o homē de Deus cõ sua conpanha, cuja vinda como ouvio a desaventurada molher, tremendo se lançou aos pees delle. E cõ lagrimas lhe declarou a sua avoreçivel paixõ e scarnicimento diabolico e que nēhũa cousa lhe provectara das que lhe mandarã fazer os saçerdotes, dizendo-lhe ainda como aquelle diaboo, que se cõ ella lançava, a ameaçara e lhe defendera que nõ veese ante a sua presença. Que nēhũa cousa lhe provectaria e que se a elle veese, que despois que se o abbade partise, que de seu amador, que era, que seria fecto seu muy cruel persiguidor. Ouvindo estas cousas o homē de Deus com blandas palavras consolou a molher e, pormetendo-lhe ajuda do çeeo, mandou-lhe que a outro dia, porque ētom era ja nocte, cõfiando ē o Ssenhor tornase. E tornou ao outro dia e recontando ao homē de Deus as blasfemeas e ameaças que ao diaboo, que se cõ ella lançava, lhe aquella nocte ouvira, dise o homē de Deus: "Nom cures de suas ameaças, mais vay e toma este noso cagado e põi-no [50r] ē o teu lecto, e elle fara o que poder." Fez a molher o que lhe foy mandado e lançou-se ē seu lecto, cercando-sse do signal da cruz, e pos o cajado junto cõsego. E foy logo ali o diaboo, mais nõ presumio de fazer a obra acustumada nē de sse chegar a esse lecto. Ameaçava-a porem fortemente que despois que o homē de Deus se partise, que elle se tornaria a seus tormentos. Era hũu dia domingo e quis o homē de Deus que per mandado do bispo fose chamado o poboo em a egreja. E como asi fose que ē ese dia grande poboo fose juntado ē a egreja, antre o solepnidade das misas stando hi ē cõpanhia os bispos Gaufredo Carnotense e Brictio Nannatense, ese abbade sobio ao pulpeto e disse a todos os que estavã ē a egreja que tevesem ē as mããos candeas açesas. Tendo-as elle tambem cõ os bispos e clerigos, disse publicamente e descobrio os ousamentos daquelle diaboo e, cõ sobscriçõ de todos os fiees que presentes erã, anathematizou e scomungou o spiritu fornigador que ē tam avorecivees ēçujamentos e contra natura ēardeçera, e per actoridade de Christo, asi a aquella como a todas as molheres d'i avante lhe defendeu e interdisse a chegada. Apagadas ergo aquellas candeas e lomeeiras sacramētaaes ffoy apagada d'i avante e morta a virtude do diaboo, e aa molher confesada e comungada nunca despois apareçeu * o imigo, mais de todo ẽ todo dela tirado fugio.

[Bernard goes to Aquitaine, where schism is raging. Sacrilegious dean is punished.]

Estas cousas assi acabadas, o abbade e o legado anbos ẽsenbra ẽtrarom Aquitania. E entanto Girardo, per consintimento do conde, tomou o arçebisp[ad]o burdegalense e tiinho-o ẽsenbra cõ a egreja de Engolismo. Mais demostrando-se as cousas que elle fazia, e, sendo a verdade mais e mais conhoçida, ja lhe desfaleçiã **[50v]** as ajudas dos prinçipes e temiam de seerẽ defensores da sua perfia. Elle morava ẽ aquelles lugares onde entendiã que estaria mais seguro, nẽ se presentava ja de ligeiro ẽ os conventos e juntamentos publicos. Repitindo brevemente as cousas primeiro pasadas, quando primeiramente começou de seer ouvido o que contra a egreja de Deus aquelle Girardo fazia, fforõ ẽviados de Inoçençio Papa, estando ainda ẽ França, o noso abbade de Claraval e Josleno, venerabel bispo de Suesiom. E veerõ ataa Pictavo pera asi elle como o dicto prinçipe averẽ de cõverter. Mais elle tiinha ja esse prinçepe amoestado e ĩclinado de fazer desonra sem vergonha em a Egreja Chatollica, da qual se departia e de tirar a Inoçençio a obediençia que lhe primeiro prometera, e de preegar o seu ẽlecto mais dignamente, e devulgar por erroneos quaaesquer que lhe nõ obedeeçesem. Onde foy fecto des aquelle dia que os clerigos andavã sandiamente armados e publicamente faziam persiguiçõ aos chatholicos. Primeiramente porem que asi fose firmada sua perfia, offereçera o abbade sancto ẽ a egreja delles o sacrifiçio a Deus. E como se partio, logo o dayam desa egreja quebrou o altar ẽ o qual çellebrara o divino misterio. Mais despois de pouco tenpo foy ferido de Deus, que jazendo pera morrer viio a casa chea de demos e braadava que hũu demonio o queria degolar e pidia aos que estavã daredor hũu cuitello que metese ẽ o seu gurgumilo pera dali tirar o demo e viver. Mais o diaboo, ao qual era dado, antre estas palavras o matou, e a sua alma pestinẽçial ẽ o inferno amergeo. O archipresbiter, * que denunçiava o signodo de Pedro da egreja de Pictavo, * presente esses que

convidava pera o convento da perfia foy castigado do diaboo. E
nom soomente ẽ estes, mais ẽ outros muitos, que ẽ aquelle sçisma
mais ferventes erã, a mãao divinal usava de magnifesta vingança.
[51r] Por estas cousas e outras semelhantes começava Girardo seer
confundido ante os homẽes, e, temendo seeren-lhe postas estas
cousas que se negar nõ podiã, fugia dos conventos e juntamentos
publicos.

[*Duke of Aquitaine is persuaded by Bernard to
abandon the schismatics. Upon the death of
Gerard the schism is extirpated from Aquitaine.*]

Ffoy dicto ao conde per barõoes nobres que a elle mais seguramente se ousavõ chegar, que o abbade de Claraval e o bispo de
Carnota e outros bispos e barõoes religiosos lhe quiriã falar, cujo
desejo e studo era tractarẽ cõ elle da paz da egreja e do removi-
mento do mal. Demostrando-lhe que nõ evitasse o falamento de
tantos e tamanhos homẽs, porque poderia seer que comunicando
cõ elles conselho que o que pareçia seer difiçel se poderia fazer de
ligeiro e o que agora pareçia inposivel com trigoso provecto se
tornaria posivel. Prouve ao conde e juntarõ-se todos açerca de Par-
tiniaco. E primeiramẽte começarõ de tractar da divisom da egreja
e da abstinaçõ da sçissura, a qual aaquem dos Alpes soomente ẽ
Aquetania stava assi como hũa corruçõ de nevoa. Ffoy ẽtimado
e demostrado pollos servos de Deus ao conde per muitos modos e
razões que a egreja hũa he e que qualquer cousa que fora dela
he, asy como fora da archa, per juizo de Deus he neçesario de
pereçer e seer destroida, aduzendo a esto os exenpllos Datham e
Abirom, os quaaes por culpamento de sçisma a terra sorveo vivos,
mostrando-lhe que a vingança de Deus nunca desfaleçera ẽ algũu
tenpo a tanto mal. Ouvindo estas cousas o cõde em parte usou de
sãao conselho e respondeu que poderia dar consintimento ẽ a obediençia do Papa Inoçençio, mais per nẽhũa razom poderia seer
induzido aa restituçõ dos bispos que lançara fora das seedas, porque o asanharõ muito e jurara que ẽ nẽhuu tenpo lhe gardase a
paz perlongadamente. [51v] Foy esto antrre elles tractado per mesejeiros, e vendo o homẽ de Deus que o negativo se delatava e

alongava em palavras, recoreu-se a cousas mais eficazes. E foy-se ao sancto altar a ofereçer e soplicar. Entrrarõ ẽ a egreja aquelles a que conviinha estar presentes aos divinos misterios. O conde estava de fora, e, acabadas as cõsagraçõoes e dada a paz ao poboo, o homẽ de Deus pos o corpo do Senhor sobre a patana e levou-o cõsego e cõ façe de fogo e cõ os olhos ẽflamados, nom suplicando mais ameaçãdo, sayo fora e cõ pallavras spantosas se foy ao duque e dise: "Nos te rrogamos e desprezaste-nos. Soplicou-te ẽ o outro comvento, que ja cõtego ouvemos, a multidom ajuntada dos servos de Deus e despresaste-os. Ex a ti vem o Filho da Virgem que he cabeça e Senhor da egreja a qual tu perseges. Presente he o teu juiz ẽ cujo nome todo geolho he ẽclinado, das cousas tereaaes, çelistiaaes e infernaaes. Presente he o teu juiz ẽ cuja mãao aquella tua alma ha de viner. Per ventura despreza-lo-as como desprezaste os seus servos?" Choravam todos os que erã presentes e emtentos com coraçõoes * esperavã a fim da cousa. Vendo o conde o abbade ẽ spiritu trigoso proçedente e trazente o sacratisimo corpo do Ssenhor ẽ as mãaos, espaveçeo e foy spantado e começarã-lhe de tremer os menbros, e desolver-se cõ medo, e quasy sandeu cayo ẽ terra. Levantarõ-no os cavaleiros e outra vez cayo sobre a façe e nõ falava a algũu, nẽ oolhava pera elle. Corria-lhe a sayva per a barba e dava grandes gimidos de guisa que pareçia epilentico. * Entom o homẽ de Deus chegou-se mais açerca delle e tangeo[-o] cõ o pee e mandou-lhe que se alçase e stevese sobre os pees e ouvisse a sentença de Deus. E disse: "Presente he o bispo de Pictavo, o qual da sua egreja tiraste. Vay, reconçilia-te com elle e ẽ [52r] o santo beijo da paz te juncta cõ elle e reduzi-o aa sua see, e satisfazendo a Deus, da gloria por a injuria, e ẽ todo o teu principado os divisos e discordes revoga a unidade de karidade. Sey sobjecto ao Papa Innoçencio, e, assi como a elle obedeeçe * toda a egreja, assi tu obedeeçe a tamanho bispo ẽlecto de Deus." Ouvindo o conde estas cousas, vinçido per a actoridade do Spiritu * Sancto e per a persença dos sanctos sacramentos, nõ podia nem ousava de responder, mais logo çesou e ẽ o beijo da paz reçebeu o bispo e cõ aquella mãao, com que o lançara fora, o reduxe e tornou aa seeda propria cõ alegria de toda a çidade. Disi d'i avante falando ja o abbade cõ o conde mais familiarmente e mais mansamente amoestou-o paternalmente que ja mais se nom levantase a tam sandeus ousamentos, nẽ anichilase ẽ tamanhos malles a paçiençia de Deus, nẽ corõpese ẽ algũu modo a paz fecta.

Tornada e restituida assi a paz toda a egreja de Aquitania, soo Girardo perseverou ẽ os malles, mais nom muito despois veo o dia da ira. Ẽ sua casa miseravelmente moreo. E como assi seja que a scriptura diga, "He pecado a morte, por elle nom digo que roge alguẽ," * sem pendença e subitamente morto, sem confissom e comunhom, o espritu sainte do corpo deu a aquelle, cujo ministro ataa a fim fora. O corpo delle foy soterado ẽ hũa egreja per seus netos que levantara ẽ onra ẽ aquella egreja, os quaaes o acharom morto ẽ o seu lecto e feamente inchado, mais despois per Gaufredo, bispo de Carnota, legado da see apostolica, foy dali tirado e ẽ outra parte fora lançado. E os seus netos despois forõ tirados dessa egreja e toda sua geeraçõ, arancada de raiz, per regnos estranhos foy desterrada. Tanto ergo mal [52v] quebrãtado e destroido, e o sçisma de Girardo reduzido ẽ çinza, o homẽ de Deus cõ grande prazer sse tornou a Claraval, onde os frades se lançarõ aos seus pees dando graças a Deus, que a humildade do seu servo ẽ todo lugar glorificava e exalçava. Aly tomou o servo de Deus algũu tenpo de folgança, ocupando-se ẽ outros negoçios, apartando-se soo ẽ hũua casa, e dando-se aos pensamentos divinos, e pensando ẽ as sanctas scripturas. Em as quaaes cousas asi muito tenpo esteve. E quanto ẽ ello provectou a nos o que ẽ sua scriptura nos leixou, magnifesto he aos que a leem.

[*Bernard is requested by the Pope to go to Rome. Before leaving he addresses his fellow monks.*]

Antre estas cousas foy chamado o homẽ de Deus per leteras apostollicas e soplicado per os cardeaaes que socorrese e fose presente aa Egreja ẽ trabalho posta. Vendo ergo elle que as excusaçõoes acerca desto seeriam em vãao, ffez juntar os frades de muitas partes e dise-lhes: "Veedes, irmãaos, ẽ quantas tribulaçõoes trabalha a Egreja. Çertamente a parte de Pedro ẽ Italia e ẽ Aquetania, Deus ajudador, he destruida. Ẽ essa regiõ ja som tirados os defensores do sçisma. Ẽ Roma grande parte dos nobres segue Innoçençio e som com elle muitos dos fiees, os quaaes porẽ cõ temor da multidom de Pedro nõ ousam publicamẽte confesar o cõsintimento que firmará a Inocençio. Pedro tem homẽes juramentados e perdidos os quaes conronpeu cõ dinheiro. E as fortelezas delles ocupadas nom a fe de Simõ Pedro mais os ēganos de Simõ Mago representã. Assi como Amalech vinçido fugio quando Moyses * orando extendeo as mãaos a Deus, assi quando nos punarmos, trazee e demandaay defesa e ajuda do çeeo cõ humildosos coraçõoes. Fazee [53r] o que fazees e staay em o graao em que estaaes, e ainda que ē nemhũa cousa sejaaes sabedores de mal, porem per voso juizo nõ vos extimees justos porque soo Deus julga aquelles que justifica, e por mui perfecto que algũu seja senpre he nom sabedor do strecto exame do juizo divinal. Nom curees muito de seerdes julgados do humanal dia. Nom aprovees os vosos proprios juizios nē os alheos. Staay assi so o temor de Deus em tal modo que nom julgando algē algũa vez sejaaes louvados e levātados. Nē curando dos juizos dos outros cayaaes em mintiras. Ē qualquer cousa que fezerdes senpre vos reputaay por servos inuteles ·s· sem provecto. A nos convē-nos hir onde a obediençia nos chama, e a paternidade desta casa e a garda de vos damo-lla e emcomendamo-la a Deus confiando da sua clemençia, por o qual tomamos este trabalho."

[Bernard goes to Rome and converts many people to Innocent's cause.]

Dizendo elle estas cousas e benzendo-os e elles chorando todos, partio-se, e com muita reverença era reçebido per todos os lugares que hia ataa que chegou a Roma. Em cuja vinda forã alegrados assi o Papa como os cardeaaes e, comunicando cõ elle os conselhos segundo as cousas erã e o estado dos negoçios, o abbade ētrrou aa obra per outra via, nom poendo esperança nos carros e nos cavalos mais falando cõ algũus e perguntando-lhe se per vētura, per erro ou per maliçia erã departidos da egreja sancta e perlongavõ e dilatavam tamanha maldade. Em tal modo que sintio e entendeo dos sagredos da clerizia que erã cõ Pedro; que conheçiam e entendiã o pecado, mais nom ousavõ de sse tornar por nom seerem avidos por infames e por viis antre os outros que erã da parte de Pedro, [53v] e que ante queriam so sonbra da honistidade em tanto assi star que seerem lançados fora de suas seedas e emviados a pidir e publicamente mendigar. A resposta daquelles que eram da geeraçom de Pedro era esta: que nemhũu lhes creeria nem os averia por verdadeiros se desmenbrasem sua geeraçom e leixasem aquelle que era cabeça e ssenhor de seu lignagẽ. Todollos outros excusavam sua perfia per razom do juramento da fieldade que fezerom, nem avia hi algũu que de sãa cosciençia ja desse ajuda aaquella parte. E o abbade denunçiou-lhe aquelles liamentos sem piedade seerem sacrilegios e maaos, e como as cõspiraçõoes e taaes liancas pera as leis e canones som reprovadas e como per juramento nom podem seer firmadas nẽ o juramento ẽ tal caso se devia gardar, e que ẽsandiçiam aquelles que stimavam a cousa nom liçita per ajuda de juramẽto aver de seer firme, como asy fosse que os extraordinarios plectejamentos deviam seer revogados e vããos e per actoridade divina quebrantados. Ouvidas estas cousas e outras palavras do homẽ de Deus, partian-se de Pedro os que erã da sua parte e cada dia as conpanhas da parte delle se desaconpanhavã e ronpiam as liancas. E o coraçõ desse Pedro ẽfraqueçia porque se via cada dia minguar e Inoçençio creçer. Desfalician-lhe os dinheiros e o abrangimento da corte mĩgava. Os convidados erã poucos e os delectamentos das nobres viandas erã tornados ẽ viãda popular e pobre. Os seus offiçiaaes emdividados e per aquelles a que deviam aprimidos em tal modo que toda a casa ja demostrava sua disoluçõ e destroiçõ ser chegada.

[*Bernard and Peter of Pisa go to Sicily to defend the causes of Innocent and Anacletus, respectively, before King Roger II. Roger is defeated by Duke Rainulf in battle after ignoring Bernard's advice.*]

Antre estas cousas Rogerio, Rey de Ssiçilia, o qual ja soo **[54r]** dos prínçipes contradizia ao Papa Inoçencio ẽviou a elle pidindo-lhe que ẽviase Haimerico seu chançeler e o abbade [de] Claraval, e, sem ẽbargo desto, essa mesma cousa pidĩdo a Pedro de Leom que lhe dellegase e ẽviase Pedro Pisano. Dizia que queria saber a naçença desta disensom e desacordo que tanto tenpo durava, e que conheçida a verdade, ou corregeria o error ou firmaria a sentença.

Esta ēbaixada ēviada * ēganosamente, porque ouvira que Pedro Pisano era mui eloquente e ē a sçiençia das leis e dos canones mui sofiçiente, e entendia que se lhe fose dada audiençia e lugar de falar ē o cõsistorio publico que cõ braados e palavras recthoricas deribaria e vençiria a sinplizidade do abbade e que per força das suas palavras e peso de razõoes lhe poeria sillençio. Abriviando, veo hūa e a outra parte a Salerno e aaquelle tenpo tiinha ese rey aparelhada hūa batalha com grande exerçito de gentes contra o Duque Rannulfo e postas as aazes do rey armadas ē o canpo e vindo o duque ēcontra audazmente pera pelegar, como el-rey vio o duque, cõ spanto logo fugio e ficou o exercitu espargido e dado a roubo e a morte. E forom mui muitos cavaleiros mortos e presos. E o duque cõ gloria ouve victoria. Ficou rico daquela prea ainda que contra sua vontade. As quaaes cousas asi todas aconteçerõ e forom verdadeiras como lhas dissera o homē de Deus, porque dos que forõ chamados o abbade sancto foy o que primeiro chegou e achou el-rey posto ē os castellos e per muitos dias o embargou que nom posesse as aazes no canpo e que nõ fose aa batalha, denunciando a esse rey que se batalha fezese que vinçido e cõ-[54v]fundido hiria della. E finalmente esse rey, confiando na multidom do exerçitu que lhe crreçia e squeeçendo-se que a fim da batalha nom he ē a multidom da gente, despreçou d'i avante de ouvir o homē sancto que requeria as cousas que erā de paz. O qual vendo estas cousas, asi como çertificou a el-rey da fugida, asi certificou e cõ pallavras poderosas esforçou o duque Ranulpho e a az dos chatolicos e lhe prometeo que averiam triunpho e victoria. E foi-se a hūa villa pequena que hi estava açerca e começou de orar e, stando ē oraçõ, ouvio hūu trigoso clamor dos que fugiam e dos que os siguiam, porque per aquelle lugar pasava o exarcitu do rey fugindo e o duque persegindo-o. E ouvindo esto sayo fora hūu frade dos que estavā com o abbade e foy correndo a hūu cavaleiro e preguntou-lhe que aconteçera e elle lhe respondeo o que era. E logo ē sto passou o duque que hia siguindo el-rey, e quādo vio o monge assi armado como era, se deçeu do cavallo e lançou-se aos pees delle. E dise: "Graças dou eu a Deus e ao seu fiel servo, porque nõ aas nosas forças mais aa sua fe he outorgada esta victoria." E outra vez cavalgou ē o cavalo e foy-se persiguindo os imigos.

[*King Roger has Bernard and Peter of Pisa speak before him. Peter and others are convinced, but not the king.*]

O qual porē nom foy corregido per esta pendença e pena que lhe fora dada do çeeo, mais despois da fugida, tornados e juntos aquelles que escaparã, começou de fingir prazer e alegria e trazer e mostrar-se ē ornamento e aparatu real e, chea a corte de cavaleiros, mandou juntar hũua parte e a outra, ffalando primeiramente cō Pedro e avisando-o e fazēdo-lhe grandes prometimentos. E mandou-lhe que falase das razōoes da sua causa. Disi começou Pedro primeiramente de falar e de provar a enliçom de seu senhor seer **[55r]** canonicamente ffecta, affortellezando suas razōoes cō muitos afirmamentos de leis e de canones. Mais o homē de Deus entendēdo nom em a palavra mais em a virtude seer o regno do Senhor dise: "Eu sey, Pedro, que es homē sabedor e leterado e prazer-me-hia que a tua parte fose mais sãa e o teu negoçio mais honesto. Çertamente eu queria que foses vogado de causa mais bem-aventurada que esta que defendes, que sem duvida se tal fose ētom as cousas razoadas que alegases nõ poderiam seer comtrariadas nem ēbargadas. E çertamente nos que vivemos nas montanhas e que somos mais acustumado a cavar com os alferçes que aas desputaçōoes e clamores, se a causa da fe nos nom costrangese, poeriamos e teriamos silençio. Mais ora nos costrange a karidade que fallemos, porque Pedro de Leom spedaça e ronpe a saya do Senhor a qual em tenpo da paixom o gentio e judeu nom presumio de partir nem talhar, obrando esto o Ssenhor. Hũa he a fe, hũu Senhor, hũu baptissmo. Nos nom conhocemos dous senhores, nem a fe dobrada, nem dous baptismos. E começando ē os antigos, hũa archa foy ē o tenpo do diluvio. Ē esta escaparō oyto almas e todallas outras pereçerō e quantos achados forom fora da archa todos pereçerō. Esta archa teer semelhança da egreja nom he duvida, e agora foy fabricada outra archa. E como asi he que sejam duas, neçesario he que a outra seja adultera e que seja amergida ē a profundeza. A archa a qual Pedro rege, se de Deus he, neçesario he que seja destroida a archa que rege Inoçençio. Pereçera ergo a oriental egreja, perecera todo o ocidente, pereçera França, pereçera Germania, pereçerō os hiberos. E os ēgleses e os regnos **[55v]** barbaros sserã amergidos ē a profundeza do peego. E neçesario he que cayam ē profundeza a religiom camaldrense e cartusiēsi e cluniacēse e grandimõtēsse e cistirciēçi e premostratēse e infindos colegios de servos e servas de Deus. Bispos e abbades e os outros prinçepes da egreja sorvera o peego destruydor. E soo dos prinçepes este Rogerio ētrrara ē archa de Pedro, e todolos outros pereçeram e elle soo se salvara? Nunca tal cousa seja, que a religiom de todo o mundo pereça e a cobiiça de Pedro, cuja vida qual he a todos he magnifesto, mereça o regno dos çeos." A estas palavras nõ se podiam ja mais teer os que erã presentes, mais avorreçerom a vida e a causa de Pedro. E o abbade tendo Pedro polla mãao, levantou-o e elle levantou-se cõ elle e desse-lhe: "Se me creeres, em mais segura archa ētraremos." E assy, como ja ante ē a mente conçebera, cõ saudavees amoestamentos o cometeu obrando a graça de Deus. Logo lhe demostrou e o ēclinou que se tornase aa çidade e se recõçiliase ao Papa Inoçençio. Acabado o falamento el-rey nom quis ainda obedeeçer porque cubiiçosamente ocupara o patrimonio de Sam Pedro, o qual hera ē a provençia casinense e beneventaria, e pensava per estes modos de tirar dos romãaos algũus privilegios pollos quaaes d'i avante lhe fose outorgado ē proprio derecto de herãça. Asy Herodes desprezou * o Salvador despois que o vio, e aquelle que desejou absente, desprezou presente. Mais o todo poderoso Deus a claridade que reçebeu do Padre deu aos homēes, e os que o desprezam faze-os nõ gloriosos, e alevanta ē alto os humildosos.

[*Bernard returns to Rome after performing a miraculous cure.*]

Despois desto jazendo ē a çidade de Salerno hũu homē nobre emfermo de que curavã os fisicos (ē a qual çidade prinçipalmente era grande arte e studo de fisica) semdo ja ese homē desesperado da ajuda dos fisicos pareçeu-lhe [56r] de nocte hũu homē per somno e dise-lhe que aa çidade de Salerno veera hũu homē sancto que era grande curador dos ēfermos. Mandou-o logo catar pera beber da auga das suas mãaos. Foy catado e acharan-no, pidio auga e bebeo e logo foy sãao. Ffoy esto devulgado per toda a çidade e veo aas orelhas do rey e dos nobres homēes. E o abbade cõ graça e favor de todo o poboo se tornou a Roma, ficando soo o rey ē a malliçia. E recōciliou aa egreja o dicto Pedro Pisano e outros algũus e os someteu aa obediençia do Papa Inoçençio.

[*Death of Anacletus and reunion of the church. Bernard is greatly honored.*]

Veera o tenpo, ē o qual cōplida a maliçia do Amorreu, o ango se aparelhava ja pera firir cō o cuitello e pasando pollas casas, sobre os lomeares das quaaes o sange do cordeiro estava, veo aa casa de Pedro de Leom e nō achou ē ella signal saudavel. E ferio-ho e porē nō moreu logo, mais per tres dias lhe foy dado lugar de pendença. E elle avoreçeu a paçiençia de Deus e moreu deseperado ē seu pecado. E cō ponpa miseravel o seu corpo foy levado e soterado ē as treevas e ataa oje nō he sabido dos chatollicos aquella cova. Mais porē a sua parte estabeleçerom pera si outro papa por elle, nom tanto por pertinacia do sçisma como por milhor per algũu spaaço de tenpo seerē reconçiliados ao Papa Inoçençio, o que sem tardança per mããoo do seu servo Christo fez. Porque ese papa d'escarnho, herdeiro de Pedro de Leom, se veo de nocte ao homē de Deus e elle o levou nuu tirados os insignios aos pees do Ssenhor Inoçençio. A qual cousa asi fecta, a çidade se alegrou, a egreja foy dada a Inoçençio, o poboo romããoo honrou Inoçençio como pastor e senhor. O abbade de Claravel foy avido ē maravilhosa reverença. De todos era chamado actor da paz e padrre da terra. Sseguian-no e aconpanhavã nobres homēes, hōravo[-o] **[56v]** o poboo e todos cō pronto coraçõ lhe obedeeçiam. Mais despois de tam longo trabalho que assi foy ē gloria e usou da paz, nō quis folgar ē esto. Mais amansadas todas as cousas e postas ē paz, aadur o poderom reteer per sete dias, o qual sete annos e mais suara e trabalhara por reformamento daquelle sçisma e divisom. Quando partio toda Roma o seguia: a clerizia o levava, o poboo corria a elle, e toda nobreza o aconpanhava. Nō podia seer leixado sem comũu choro, o qual per amor comũu era honrado e amado.

[*Good effects of peace and unity. Foundation
of Monastery of St. Anastasius.*]

Disi firmada assi a paz, o homē de Deus se tornou e cõ grande prazer foy reçebido de toda a terra. Entanto começou Inoçençio ē Roma de usar de seu poderio. Ocuriam e viinhā a elle de todallas partes, hūs cõ negoçios, outros por tomarē prazer cõ elle. Celebravon-se sollepnemente proçisõoes pollas egrejas. Os poboos leixavam as armas e vinhā ouvir a pallavra de Deus. Despois de todas aquellas miserias * ē breve tenpo refloreçeu a çidade e foy ē abastança. As cousas que ē tenpo da discordia forom destruidas, despois da paz firmada forõ reduzidas e restituidas a seu stado. Lavravā-se as terras que erā desenparadas e os mõtes ēgloseçiā. Folgava cada hūu so sua videira e figeira. Cesaram as velas e gardas nocturnas e as portas erā abertas e todo temor fora lançado. Inoçencio per tenpo restaurou as queedas da egreja, recolheu os desterrados, rrestituio [a]as egrejas esbulhadas os serviços antigos, e as lavoyras despoboradas, e sobre esto fez dōoes razoados. Edeficou ainda hūu mosteiro junto cõ as Augas Salvias ē honra de Sancto Anastasio Martir, o qual ja hi primeiro fora, mais aaquelle tenpo ficara a egreja soo e nom morava hi algem. E despois que mandou fazer as moradas do mosteiro [57r] e que a egreja foy reformada e que lhe deu e asiinou agros e vinhas ē esmolla da casa, o senhor Papa pidio que lhe fose ēviado de Claraval abbade e convento de frades e ffoy-lhe outorgado. Ffoy ergo ēviado Bernardo, ē outro tenpo per vez ssenhor da egreja pisana, e frades religiosos com elle os quaes segundo a rregra do bem-aventurado Sam Bēto ouvesem de servir ao Senhor ē aquelle lugar. Mui çedo provectou aquella plantaçõ, ca se juntaram a elles outros barōoes e foy multiplicado o conto dos servos de Deus e a ordenāça razoada fez em breve creçer aquelle juntamento e colegio.

[*List of great leaders furnished to the
Church by Clairvaux.*]

O abbade ssancto tornado a seus estudos e mosteiro e delectando-se ē os cantares devinos, o odor daquella religiom, que ē todo lugar era spargido, convidava os frades de desvairadas provencias a fundar mosteiros. E os ja fundados e stabeliçidos sometianse aa obediençia delle e aas reglas de mais apertada disciplina. E ainda as çidades de desvairadas regiõoes merecerõ de aver bispos deste collegio. Primeiramente Roma foy ornamentada do mui alto pastor ·s· Papa. A çidade de Preneste ouve Stevam, barõ de toda gloria; Ostia, o grande barõ Ugo. E em esa corte romãa Henrique e Bernardo forõ ordenados cardeaaes. Nepa * açerca da cidade de Rroma ouve Roberte. * Em Tuscia splandeçeu Baldoim, grande lume da egreja aaquem dos Alpes. Ẽ Lausene foy dado Amedeu; em Seduno, Garino; em Ligom, Godifredo; em Antesiodoro, Alano; em Nanneto, Bernardo; em Belvaço, Henrique; en Tornaço, Gir-[57v]aldo; em Eboraco, Henrique; em Ibernia, dous bispos ẽ nome e ẽ obra christãaos. Em Allemanha, * Algoto. Tomados de Claraval e com puro splandicimento ẽnobreçerõ as dictas çidades per sua presença e, alomeando a gloria do ofiçio pastoral, aos outros bispos forõ fectos exenplo e ẽ sua alteza esteverõ humildosos.

[*Visit of Pope Eugene III to France. Discussion of book that Bernard wrote to him.*]

E morto Inoçençio e seus soçesores Celestino e Luçio logo apos elle acabados, Bernardo, * o qual primeiro disemos ordenado abbade açerca do Sancto Anastasio, foy fecto papa da çidade. Este, estando grande desacordo e divisom naçida * em o poboo, sacudio o poo dos pees ẽ os litigantes e leixou-os e veo-se a França. E como assi fosse que [ẽ] Roma se comessem * e mordessem e a revezes se consumissem, ele agardou ẽ paz ataa que elles emfadados dos arroidos e dapnos cobiiçarõ e desejarõ a sua presença. O qual, ẽ quanto se çellebrou o conçelho ẽ Remes, humildosamente visitou Claraval e a gloria do pontificado romãao presentou ẽ presença dos proves. Maravilhavã-se todos ẽ tanta alteza veerẽ humildade nõ mudaval e ẽ tam exçelente alteza permanescer a virtude do sancto proposito, porque a humildade junta a alteza por ofiçio esplandiçia de fora e por virtude nom ficava de dentro. Trazia a carã da sua carne saya de lãa, e de dia e de nocte cugula vistida, e asi comya e asi dormia. Retendo da parte de dentro habito de mõje e de fora ẽ as vesteduras e custumes se mostrava papa, fazendo cousa forte de fazer, expremendo propriedade de desvairadas pessoas ẽ hũu homẽ. O lecto seu era cuberto, de nobres cuberturas e cercado de cortina de purpura, mais quem revolvese as cuberturas delle, acharia cubertas de lãa sobre estramento de palhas ajuntadas. Ho homẽ vee ẽ a façe, [58r] e Deus ẽ o coraçõ. Çertamente elle provia o bem ante Deus e ante os homẽes. Nom sem lagrimas falava aos frades misturando ẽ as palavras sospiros do coraçõ arancados, amoestavo-os e consolavo-os, demostrando-se antre elles irmãao e parçeiro e nõ senhor ou meestre. E como asi fose que o ali nõ leixasem mais estar a grande multidom dos que o siguiom e aconpanhavã, saudou os frades e partiu-se ẽcaminhando pera Italia e foy-se a Roma.

Screpveo * a ese papa o homẽ sancto hũu livro de muito provecto ẽ o qual cõ mui aguda investigaçõ prosiguindo assi aquelas cousas que açerca delle som, como aquellas que som a fundo dele, chegãdo-se ainda aaquellas cousas que açima delle som, tantas cousas da natura divina declarou que pareçe seer que foy tomado ẽ o terçeiro çeeo e que vio o rey ẽ sua fremusura e ouvio algũas palavras que nõ convem a homẽ falar. Em aquellas cousas que a fundo e que açerca delle som mui sutilmente he destingido e departido a conpanhia dos custumes, a ygallança da natureza, a distençia dos ofiçios, a cõsiiraçõ dos meriçimentos, o esgardamento e departimento dos acreçentamentos das honras, e a cada hũa destas cousas ẽ sua geeraçõ e demostrado o conhiçimẽto de si mesmas. Em aquellas cousas, que sobre o homẽ som, esgarda e especula as cousas celistiaaes nom ẽ aquelle modo que as consiirã os anjos, os quaaes senpre estam junto com Deus, mais ẽ aquelle modo [ẽ o qual] homẽ de puro coraçom e de mente linpa pode percalçar as cousas divinaaes e conformar aa celestial jerarchia o saçerdoçio tenporal. Como asi seja que ẽ a miliçia hũus estom asenhorados a outros, e os ministeriaaes spiritus ao mandado das superiores potestades sejã delegados e mandados a desvairados ofiçios, algũs que [58v] estam mais vizinhos reçebem delle as cousas que aos outros mandam que façam ou que entendã. E como assi seja que o homem demande seer dada reverença aa sua preladia, neçesario he que todalas cousas se referiram aa honra da mui alta potestade porque como asi he que o homẽ seja sojecto ao homẽ ou o spiritu ao spiritu, maiormente convẽ de seer soyeito a Deus, de cujo dom esta preladia se da e per ensignança do qual he fecto que se demostre ao homẽ assi conheçimento de ssi mesmo como a chegança per fe e sperança pollo modo dado aos outorgamentos da divina contenplaçõ. Dictava o homẽ de Deus e algũas vezes escrepvia ẽ as tavoas, restituindo o mel a çera e cousas mais graçiosas aas primeiras. Amansava as lides das egrejas, e as apelaçõoes inportunas que os clerigos discordes antre si moviam cõ blando espiramento cõpoynha e concordava. E aas vezes ainda doestando elle mais duramente tornava mansidom, e de sanhosas tormentas aquelles que ante elle vinham cõ braados e clamores desconcordados tornavam-se paçificos e amansados.

[*Count Theobald's friendship for Bernard and his great contributions to religion and charity. Theobald's constancy in temptation.*]

Ante todos os prinçipes se aprendeo e chegou a elle o conde Theobaldo, e prosiguindo o amor per obra, despos-si e as cousas suas ẽ ajuda de Claraval e pos a sua alma ẽ mãaos do abbade, tirada a alteza do prinçipado mostrando-se e oferecendo-se servo antre os servos de Deus, nõ ssenhor, pera obedeeçer a todallas cousas que os mais pequenos daquella casa demandasem. Conprava terras, fazia casas, dava despesas pera as abbadias novas, e ondequer que os servos de Deus extendiã suas plantas, ẽviava dinheros, nom estabelecendo hũua soo cousa * asi como Salamon ẽ Jerusalem, * mais ondequer que estevesem pesoas desta religiom, se trabalhava de lhes ministrar as cousas necesarias assi como se fezesse propria morada [59r] a Christo em a terra presente. Pos ainda ẽ alvidro do homẽ de Deus que desse despesas por serviço de Deus a quaaesquer proves e mindigãtes e minguados que lhe elle mandase. Vendo ergo o abbade o coraçõ do prinçipe pronto, açendeo a piedade per piedade e quis que fose obrigado mayormente aos domesticos da fe e conselhou-lhe que fezesse tenplos nõ mortaaes e lhe desse smolas cõ tal sageza que senpre frutificassem, renascessem, e revivescessem e novas smolas senpre parissem. Disi ensinou-lhe que se amerçeasse dos mĩguados que a proveza ca e la pungia, dando de comer a hũs e a outros de vistir. Amoestou-o e conselhou que per si visitasse os hospitaaes e que nom avorrecesse nẽ se anojasse das ĩfirmidades dos doentes, porque ẽ esto se lhe dobraria o bem da misericordia se os visse e consollasse e curasse. Ēsinou-lhe humildar os apremedores dos proves, sseer defensor do orfãao e a viuva, amerçear-se e ēprestar, as palavras ē juizo despoer, e proveer aa folgança da egreja, ētender a rrazom do gladio demostrando-lhe a suma do ofiçio prinçipal e como esto devudamente deve seer demandado ao prinçepe que entenda ao louvor dos bōos e aa vingança dos maaos. Estes e outros saudaves amoestamentos deste modo o homē de razom com reverença tomou, convertendo a disoluçõ da corte e a soberba da alteza ē humildade e honestidade. Nem era algem que ē sua presença ousasse de fazer ou fallar algũa cousa que nõ conveesse, mais ainda ē esto os que studavã de lhe aprazer ou cõ puro coraçom ou fingido ameude faziam aquellas cousas em que viiam que seu senhor se delectava. Traziam-lhe ergo e metiam onde elle estava aquelles que erã mais seus familiares, ·s· os proves doentes, e denunciavan-lhe os ēfermos que jaziam ē as plaças e quaaesquer que padeçiam miseria e amargura. E elle quando lhe asi ofereçiã ocasiõ [59v] de misericordia, alegrava-se e cõ mayor graça reçebia aquelles que destas cousas sobredictas viia seer mais soliçitos. E porque o homē de Deus nõ quis que ficasse algũu dos seus monjes ē aquella corte ou por aquella causa, prepos aa sua smola dous religiosos que mandou chamar da ordem premostratense, os quaes tevessem cuidado de çercar os castelos e ruas onde elle estevesse e darē ē abastança de comer da propria mesa sua aos ēfermos e gafos que hi avia, ē quanto em aquelles lugares estevesse, e ainda darē a outros proves e pessoas largas e cõgruas esmollas assi ē comer ē vistir. E quis que aqueles soomente tevessem poder de mandarē todollos ofiçiaes da sua casa o que quesessem e de tomarem as cousas que lhe prouvesse e que nom ouvese hi quē lhas defendesse nē quē veese dizer ao conde se ē algũa cousa gastadores pareçesem. Mais esses barōoes religiosos, tementes Deus e asi a Elle como ao conde cobiiçantes de aplazer, nõ mingavā a largueza e magnifiçençia do prinçepe o qual das suas cousas mandara fazer o conprimento da caridade; nõ querendo seer ēgratos a Deus, se fossem achados prigiçosos e avarentos onde assi a vontade como a bondade sofiçiente do prinçepe lhe mandava que fosem prontos e expididos despensadores. Afora esto era ainda deputado o seu ofiçio de proveerē os hospicios aos monges e homēes religiosos * que viinhā aa corte por desvairados negocios e de lhe ministrarē dos çeleiros do conde as cousas neçesarias. Andavã pollos lugares e davã de vistir e calçar aos proves e mingados que achavã pollas ruas. Nẽhũa obra de misericordia desfaleçia em aquele condado. Em aquele * porto todollos [60r] desacorridos aviam refrigerio. Em os tenpos da fame, nõ asy como Pharao vendeu o pam ao poboo, nem dando o pam someteo o Egypto soo sy ẽ servidom, mais usando do abbade sancto, mais divinal conselheiro, assi como de outrro Joseph, de graça abrio os çeleiros aos minguados e nom quis tirar dinheiro do poboo nẽ emganar per falaçia os aflictos. Nẽ quis ajuntar thisouros apartados ẽ a terra, traspassando ẽ sy a republica, mais thisourãdo ẽ o çeeo o distribuidor nom ẽfadado cõ grande alegria distribuio os dinheiros e o pam.

Foy fortemente tenptado o homẽ de Deus que desejava as cousas celistiaes, porque asy el-rey com os prinçepes lhe ẽtrrarã ẽ a terra, e assy com se Deus fosse iroso contra elle, lhe roubarõ, queimarõ, e destroirõ açerca de todallas cousas que posoya. Nom podẽdo elle seguramente resistir nẽ contrariar aos que o persiguiam porque os seus o desenpararõ e magnifestamente o infestavõ, e os que cõ elle ficavã mais erã contra elle que ẽ ajuda sua. De todallas partes lhe erã graves angustias porque nõ podia aver segurãça ẽ casa nẽ podia proveer fora as cousas razoadas porque de todo nõ sabia quaes erã seus. E asi da prefia dos que lhe fugiã como do coraçõ dobrado dos seus de todo ẽ todo desconfiava. Antre aquestes tribulaçõoes e angustias converteu-sse ao Ssenhor e do çeeo demandou ajuda e mandou chamar o homẽ de Deus de cujo conselho usava nõ desperando da misericordia de Deus. O qual lhe respõdeu que ẽtendesse que açouta Deus o filho que reçebe e que estas correcçõoes ou purgam ou provõ a alma, e que mais glorioso foy Job quando seve ẽ o ssterco que quando aconpanhado de gẽte sem chagua esteve ẽ a cadeira. Demostrou-lhe o homem sancto como Sallamom pecou ẽ oçiosidade e o maao uso [60v] ẽ o bem da paz descorreo ẽ pecado, e como David esteve ẽ graça, persiiguindo-o Absalõ seu filho e sendo contra elle animado todo Israel. Demostrou-lhe ainda como Sathanas ferio esse apostollo ẽ a qual tribulaçõ sem mudamento persseverando mereçeu ouvir que a virtude ẽ a enfirmidade se perfaz * e porque ẽ a presente vida as cousas bem-aventuradas nos fazem mais velhos e as contrairas nos fazem mais circonspectos. Ouvindo estas cousas o honravel conde grandiosamente foy animado e esforçado. Cõ grande trigança mandou trazer ẽ meo dous vasos de grande peso e de maravilhosa obra, os quaaes dentro ẽ sy tiinhã pedras mui priciosas que ẽ solepnidade da sua coroa el-rey Emrique de Inglatera, seu tyo, por demostramento de suas riquezas e sua gloria custumara de teer ante ssi ẽ a sua mesa. E arrincando de ssi esta delectaçõ, mandou tirar as pedras e quebrar o ouro ẽ que erã ẽcastoadas pera as mandar vẽder e do preço dellas mandar fazer egrejas amadas ao Senhor sobre o ouro e o topaz. Nem quedava Amalech da infestaçõ de Israel, mais Moyses alçadas as mãaos ao ceeo ouve victoria. E afastando-se os imigos o abbade sancto e avindor soliçito clamãtes ao Senhor e chorantes os frades ẽ casa, sayo ẽ aazes. E ẽ o tenpo da ira foy fecto reconçiliaçõ, e, antrepostas as alegações divinas, çessarã as tormentas. E foy tornada antre o rey e o prínçepe mansidom e desejada claridade de paz.

[*Beginning of the Third Book by Geoffrey.* *
Description of St. Bernard and his habits.]

Per milagres e signaaes sem conto, segundo todo o mundo conheçe, glorificou Deus o fiel servo Bernardo, abbade de Claraval, asi como Elle senpree he glorioso ẽ os seus sanctos e maravilhoso ẽ sua magestade. Çertamente, assi como esse mesmo ẽcomenda Sam Malachias, primeiro e mui grande millagree que mostrou elle foy. Claro ẽ o rostro, tenperado e honesto ẽ o habitu, sgardoso e circonspecto ẽ **[61r]** as palavras, temente ẽ a obra, ẽ o ssancto pensamento cõtinuu, devoto ẽ a oraçõ, e asi como elle os outros amoestava, mais fe avente de toda cousa ẽ a oraçõm que ẽ o trabalho ou ẽdustria propria. De grande coraçõ ẽ a fe, nom mudavel ẽ a sperança, largo ẽ karidade, mui alto ẽ humildade, mui grande ẽ piedade. Provido ẽ os conselhos, eficaz ẽ os negocios. Alegre aos doestos, vergonhoso aos obsequios e serviços. Doçe e begnino ẽ custumes, sancto per meriçimentos, glorioso ẽ millagres, e abastoso ẽ sabedoria e virtude e graça açerca de Deus e dos homẽes. A cuja sancta alma o Senhor Deus fezera semelhavel e acto, per spiçiall bençõ, o corpo ẽ ajuda della. Aparecia ẽ a carne delle hũa graça spritual mais que carnal. Em a sua cara splandiçia hũua claridade nom terreal mais çertamente çelestial; em os olhos splandiçia hũua pureza e sinplizidade de ponba. Tanta era a fremusura delle de dentro que per algũus indicios e signaaes pareçia e se mostrava de fora, e do ajuntamento da pureça e graça de dentro pareçia de fora abastosamente spargido. Todo o seu corpo era mui sotil e delgado, e sem carnes, e o coyro mui sutil, e hũu pouco ruyvo ẽ as queixadas. O que sem duvida asy era porque o pensamento de cada dia e o studo da sacra cũpunçõ lhe tirava qualquer cousa que tiinha da quentura natural. A cabeladura era de color amarela e branca. A barba sorruiva, e açerca da fim da vida dele spargida de cãas. A statura de meãa honestidade pareçia porẽ mais chegada aa lungura. Era çertamente este thisouro ẽ vaso fraco, contricto e de todallas partes quebrado [61v] e vãao. A sua carne trabalhava * com muitas infirmidades pera ẽ ellas se perfazer a virtude do coraçõ. Das quaaes a mais perigosa era ẽ o meatu do gurgumilo que nõ podia reçeber ẽ elle nenhũa cousa seca nem forte, e mais era o desfalliçimento * do stamago e corruçom das tripas. Estas duas infirmidades tiinha continuadamente, afora outras que ameude lhe acontaçiã.

Em os primeiros annos assi fugio dos delectamentos da gula que perdeo ẽ gram parte a descriçõ e departimento dos sabores. Muitas vezes, per emgano dos que lhe ministravã, tomou hũus liquores por outros. E hũua vez bebeu azeite que lhe foy lançado per erro e de todo em todo o nom soube. Nem o conhoçeo ataa que sobreveo hũu e oolhou-o e vio-lhe os beiços untados. O seu comer era buçella de pam amolentado ẽ auga quente com sorvos pequenos. O seu stamago era tall que nom cozia e lançava cruuo a mayor parte do que comia, em tal modo que ẽ a vianda nom avia delectaçõ algũa, a qual lhe era periigoo tomar e despois que a tomava door ẽ a rreteer e miseria ẽ a lançar. Assi sem duvida a despensaçõ supernal provia ao fiel servo açerca do desejo do coraçõ delle, que lhe nom desfaleçese o fructo de abstinençia singular e so sonbra de neçesidade leixasse senpre a odiosa delectaçõ mũdanal. Çertamente do vinho elle nos dizia a meude que conviinha ao monje, * quando era neçessario de o tomar, que o gostasse assi que o vaso nom ficase todo vazio. O que ele assi gardava quando consintia que lhe posessem o vinho, que nõ soomente despois de hũu beber mais despois de todo o jantar ou çea, [62r] quando lhe alevantavã da mesa o vaso ẽ que lhe lançavam o vinho, aadur pareçia algũa vez que hia menos cheo do que era ante que bebesse. Poucas vezes podia estar, mais açerca senpree siia e mui raramente se movia. Como se podia tirar dos negoçios, ou orava, ou liia, ou escrepvia, ou estava ẽ oraçom ou ẽ doctrina e edificaçõ dos monjes ou ẽ o sacro pensamento e meditaçõ. Em o qual estudo spiritual sem duvida reçebera singular graça que nom padeçia ẽ elle nem algũa dificuldade, morando livremente consego, e andando ẽ a largeza de seu coraçõ, e hi oferecendo a Christo, segundo elle amoestar soya os outros, grande casa stramentada. Toda ora pera pensar lhe era breve, todo lugar lhe era cũgroo. Ameude porẽ costrãgido per o * spiritu divinal, ainda que asi fose afecto e acustumado a estas cousas, pospoỹa ste studo a gaanhos mais abastosos, trabalhando de catar nom aquelo que a el soo era provecto, mais o que a muitos provectava. E doutra guisa ẽ qualquer arroydo ou ajuntamento de homẽes, salvo se a causa o requerese ou demandase, ligeiramente e sem trabalho algũu colhia seu coraçõ e se gardava per hũu apartamento que senpre trazia de dentro, a nẽhũa cousa de todo ẽ todo ẽtendendo, essgardando, que soasse ou aparesse * de fora.

[*Bernard visits St. Hugh, Bishop of Grenoble, and the monks of La Grande Chartreuse.*]

Despois que o servo de Deus per annos esteve em **[62v]** Claraval prespos ẽ seu coraçõ de hir visitar por graça de devaçõ Sancto Ugo, bispo * granopolitano, * e os frades de Cartusia. O qual o dicto bispo tam graçosamente e tam reverençialmente reçebeu, ẽtendendo ẽ a visitaçõ desse hospede a presença divinal, que se derribou ẽ o chãao e adorou-o. E vendo o servo de Christo grande per hidade, honravel per opiniõ, esgardoso per sanctidade, lançado ante sy, expaveçeo e semelhavelmente se leixou cayr ante elle, e reçebido asi ẽ o beixo da paz com grave gimido pensava a sua humildade seer confusa per o hoonramento de tamanho barom. Em cujo pecto des aquelle tenpo gaanhou singular lugar ẽ tal modo que d'i avante aquelles dous filhos de splendor forom fectos hũu coraçõ e hũa alma pera se usarẽ e lograrem a revezes em Christo.

Em Cartusia cõ esse mesmo desejo e honra foy reçebido o servo de Christo do reverẽtissimo prior e de todos os outros frades, alegrando-se elles ē prazer pporque qual o ante conhoçiam per carta, tal o acharõ presente. E como assi fosse que ē as outras cousas fossem edificados, hūua cousa foy a qual ē algūu modo moveo o dicto prior de Cartusia em murmuraçõ ·s· a cubertura e stramēto da besta ē que vinha o honrabel barõ, a qual nõ era menos prezada nem menos fora de * pobreza. Nem pode teer ē silençio o desejador da virtude aquello que ē a mente conçebera, mais falou a hūu dos frades e confesou-lhe como se movera e marvilhara ē algūu modo sobre ssto. O qual frade foy dizer ao padre sancto o que ouvira, e elle nom menos se maravilhando começou de preguntar qual era aquella cubertura e stramēto nõ menos pobre nē menos prezada, sobre a qual veera de Claraval ataa Cartusia, e nūca a vira nē a consirara, [63r] e ataa aquella ora qual era de todo ē todo nõ o sabia. Çertamente aquella besta ē que viinha * nom era sua, mais era de hūu monje de Cluniaco, seu tyo, que lha ēprestara com o dicto stramento segundo o pera sy custumava. A qual cousa ouvindo o dicto prior, começou entom de se maravilhar muito mais em aquelle servo de Deus, asi circundar os olhos de fora e ocupar de dentro o coraçõ, que aquello que polla vista o primeiramente asanhara, esso o homē de Deus per espaço de tamanho caminho nunca vira. Vindo elle ainda per açerca de hūa lagoa, lançavan-se per junto ēm aquel caminho todo hūu dia, de todo ē todo nom a vio. E falando aa nocte os companheros, que cõ elle viinhā, daquella lagoa, preguntavo-os onde estava aquella lagoa, e forõ todos maravilhados.

[*Bernard's retiring and modest nature.*]

Porē elle desejou do começo de sse tirar de todo ē todo dos negoçios e nõ sair pera algūa parte, mais quedar e fazer residençia ē o mosteiro. A qual cousa despois per tenpo assi conprio, tendo ocasiom pera ello necessaria o desfaliçimento [e] infirmidade do corpo, ataa que o costrāgeo sair a neçesidade grave da igreja de Deus e do mui alto Padre Sancto e o mandamento de todollos abbades de sua ordem, aos quaaes ē todo obedeçia como a padres abbades, elle padre de todos. De mādado ainda dos quaaes ē os pustumeiros annos custumou de trazer afora a cugulu e saya, pano de lāa ē modo de mantom ēcurtado, * e sonbreiro semelhavel. Antre tantas doores do corpo e trabalhos nunca cōsintio de trazer algūas pelles. Ē as vestiduras senpre lhe aproouve proveza, e çugidade nunca. Sem duvida dizia que erã demostradores do coraçõ, ou negligente ou vãamēte [63v] açerca de si se gloriante, ou gloria humanal * de fora desejante. O andar delle e todo seu habitu era tenperado e disciplinado, trazente humildade, lançāte odor de piedade, demostrante graça, demādāte reverēça, alegrante e edificante ē a soo vista os que o oolhavam. Do risu dizemos aquello que lhe ameude ouvimos, que quando ouvia riir algūus relligiosos que se nõ nēbrava que ē os primeiros annos de sua conversom algūa vez asy riise, que mais nõ repremese e refrease o riiso que o soltase. A voz asaz de forte ē fraco corpo e boa de entender lhe deu Aquelle que o apartou do ventre de sua madre em a obra da preegaçom.

[*Bernard's skill as a preacher.*]

O sseu sermõ da edificaçõ das almas, quantas vezes achava ocasiom neçesaria, era congruente a quaaesquer pesoas e a quaesquer ouvintes, segundo porē conheçia a inteligençia, custumes e studos de cada hūs. Asy falava aos poboos aldeãos como se senpre criado fose ē aldea, e asy a todalas outras quaesquer * geerações de homēes como se cõ elles e ē todas suas obras senpre usase. Leterado açerca dos leterados, sinplez açerca dos sinplezes, açerca dos spirituaaes barōoes afluente per ēsinamentos de sabedoria e perfeçom. A todos se coaptava * cubiiçando de gaanhar todos a Christo. Era artifiçosamēte cavidado de gardar aquello que ao Papa Eugenio escrepvendo da avondança do seu coraçom lançou.

[64r] Mui amansavel e īsinada lingoa lhe dera Deus que soubese quando e qual sermõ ouvese de pronunçiar, a quaaes cõviinha consolaçõ ou rogo, e a quaes amoestaçõ ou doesto, Conheçer poderē ē algūu modo aquelles que leerē os seus escriptos, ainda que nõ tam bem como os que ouviã as suas palavras. Certamente defusa era a graça ē os beiços delle. O seu falamento era asy ardente e trigoso que o estilo dese mesmo nõ podia reteer toda aquella duçura e todo aquel fervor. Mel e lecte so a sua lingoa, e nõ enbargando esto, ē a boca delle ley açesa açerca daquello do *Cantar dos Cantares*: "Asi como touca açafraada os teus beiços e o falamento teu doçe." * Tāta era a duçura das suas palavras que fallando aos poboos de Germania com maravilhoso efecto era ouvido e a devaçõ delles

pareçia seer mais edificada do seu sermõ, o qual como homẽes doutra lingoa nõ podiã entender, que do falamento ētendido e declarado per o enterpretador que despois dele falava e que declarava o que dizia. E mais sintiã a virtude das suas pallavras, da qual cousa certa provaçom era o convirtimento dos pectos e o sppargimento das lagrimas. Certamente elle usava das Scripturas tam livremente e tam provectosamēte que nõ tã soomente pareçia que as sigia mais que as preçidia e sigindo o spiritu giador elle aduzia o actor dellas onde queria. O qual sem duvida asi ēchera Deus do spiritu da sabedoria e do intindimento, que ē meo da sua egreja abrise a boca sua e, segundo que se lee ē o livro de Job, sculdrinhase as profundezas dos rios e as cousas scondidas trouvese ē luz. * Porque elle confesou que algũas vezes pensando ou orando lhe apareçeu toda a sacra Escriptura * asi como [64v] sob elle posta e declarada. Quanto evangelizou de graça nom o pode algē dinamente contar. Menosprezou senpree de pidir aos que o ouviam as riquezas e faculdades transitorias e ameude ējectava e nõ queria as dignidades ecllesiasticas que lhe erã ofereçidas. Por pouco avia elle militante nom demandar algũus sollairos ou stipendios, e certamente cõsintimento nõ deu pera reçeber algũus insignios mais, asi como outro David hindo aa batalha, por mais grave ouve as armas batalhadores pollas quaaes muitos spiritualmente ē seu tenpo viia seer agravados e ē sua sinplizidade mais gloriosamente triunphava. Tanta graça reçebera da virtude divinal que ainda que escolhese de seer ējectado ē a casa de Deus, porē mais abastosamente fructificava ē ella que quaaesquer outros extendidos ē alteza. E luzindo asi como de so o moyo de sua humildade mais alomeava a egreja que os outros sobre os candeeiros asentados e stabelicidos. Sem duvida elle como mais humildoso, senpre mais provectoso foy ao poboo de Deus ē toda doctrina saudavel, em a qual cousa porē nõ quis teer lugar de doctor.

    Bem-aventurado certamente he aquelle o qual, segundo elle de hũu dos sanctos diz, "Amou * a ley, e chatedra nõ desejou." Quam bē-aventuradamēte mereçeu seer ē a cadeira das virtudes, quão ē as cadeiras das dignidades nõ quis seer. Certamente asy como justo e forte trabalhou ē a preegaçõ evangelica e asi como prudente e tenperado se cavidou senpre da pre- [65r] ladia eclesiastica. Nunca cõtumazmente algũa vez a recusando, mais sendo ameude ēlegido a muy grandes honras prudentemente fez, obrando cõ elle a graça devinal, que ē algũu tenpo nõ fose constrangido a ellas. Certamente Moyses sancto leixou o pontificado a Aarõ seu irmãao, mais tiinha a lingoa mais ēbargada. Nom revogou algũua necesidade o noso Bernardo da obra do evãgilista, mais da honra soo o removeu a soo humildade. Certamente per mericimento gaanhou singular graça açerca de Deus e dos homẽes, o qual nõ soomente sem despesa da tēporal abastança mais ainda sem graao de dignidade eclesiastica e nõ sem fructu da fratrenal saude expos o evãgelho e senpre studou de aprovectar ao poboo de Deus e nunca seer prelado consintio. Poucas vezes porē sayo a preeegar, se nõ aos lugares achegados. Mais quantas vezes algũua neçesidade o tirava, semeava sobre todas as auguas publicamente e privadamente anunçiando a palavra de Deus. A qual cousa porē fazia de mandado do Sancto Padre, e de cõsintimento e mandado de quaaesquer outros bispos ondequer que acõtiçia seer algũu. Sem duvida, quãto era grande humildando-se ē todallas cousas, tanto mais dava honra aos saçerdotes porque conpridamente ētendia a reverença que aos ministros de Christo era devida.

[Criticism of Bernard because of the failure of the Second Crusade. His reaction]

Nem he pera callar o grave escandolo que a sinplizidade ou maliçia de algũus homẽes tomou do caminho jerosolimitano, porque se sigio triste [65v] efectu. A qual porē palavra podemos dizer que nõ tomou começo delle. Como çertamente asi fose que a neçesidade ouvida ja movese os corações de muitos, elle demandado hũua vez e muitas por esta cousa del-Rey de França e amoestado ainda per leteras apostolicas, nõ cõsintio a si sobre esto falar ou dar cõselho ataa que per geeral carta dese Sancto Padre foy mandado delle declarar aos poboos e aos prinçepes a palavra de Deus asi como per lingoa da Egreja Romãa. Da qual carta o teor foy que ē pendença e remisom dos pecados tomasem caminho pera livrarē os irmãaaos ou por elles poerē suas almas. Estas cousas e semelhãtes podiam sobre esto verdade:ramente seer dictas, mais milhor he que digamos aquello que milhor foy. Certo elle preegou evidentemēte esta palavra, o Ssenhor obrante, e seu sermõ cõfirmante sigindo os signaaes. Mais quantos e quam muitos signaaes e quãtas cousas fez, erã presentes, os quaaes quando virõ o moço veer, consollando-o ẽ muitos modos, davam graças a Deus. E destas cousas ataa'qui.

[*Bernard's zeal in fighting schism and heresy.*]

Certamente he ainda de fazer memoria pera os que despois veerem como ẽ muitos modos a doctrina do homẽ de Deus aprovectou aa Egreja sancta ẽ corregendo os custumes dos chatolicos e ẽ apremendo as sanhas dos scismaticos e ẽ tirando os erores dos hereges. Certamente afora aquelles que ẽsinou viver no segre tenperadamente, justamẽte e piadosamente, quantos ainda ẽcaminhou mais perfectamẽte a leixar o segre o que se mostra per esto: porque ẽ quanto viveo nõ çesou de ẽcher os desertos do segre dos desenparados do segre. Per misterio ainda do qual pareçia seer corporalmẽte demostrado aquelle dicto do propheta: "Pos o deserto ẽ os peegos das augas, e a terra sem auga ẽ as saidas das augas, e ç." * Certo ẽ os dias do scisma geeral, quã fielmente o servo do Senhor esteve ẽ o conselho ẽ o quebrantamento della pera tirar a ira dela, quam aficazmente esteve e aprouve e çesou a vaidade, e çerto quam evidentemente ẽ o tenpo da ira he fecto reconçiliaçõ, nõ he agora pera prosigir mais largamente, porque abastar pode sse posermos as palavras dese Inoçençio **[67r]** Papa que lhe sobre esto screpveo, dizendo asi: "Per quam firme e perseverante cõstãçia o fervor da tua religiõ e discreçõ reçebeu pera defender a causa de Sam Pedro e da sancta tua Egreja Romãa e trabalhou, poendo-se muro forte por a casa de Deus, induzer cõ argumentos amiudados e razões defensives os coraçõoes dos reys e dos principes e doutras pesoas, asi eclesiasticas como sagraaes, aa unidade da Egreja catholica e aa obediençia de Sam Pedro e nosa, o grande provecto que aa Egreja de Deus e a nos veyo o manifesta e declara."

[*Peter Abelard's errors and how they were refuted by Bernard.*]

Em quaes cousas certamente por a fe quaam grandiosamente fez o servo fiel e prudente brevemẽte se dira. Foy ẽ aquelles dias

Pedro Abaelardo nobre meestre e mui honravel ẽ opiniom de sciençia mais ensinador perfiosamente da fe. Cujos scriptus cheos de graves blasphemias, como asy fose que voasem de cada parte, algũus homẽes sabedores e fiees recõtarõ ao homẽ de Deus aquellas excumungadas e ẽçujadas ẽnovaçõoes, asy em as vozes como ẽ os sisos. O qual sem duvida desejando cõ a bondade e benignidade acustumada o error seer coregido e nõ confundido, cõ secreta amoestaçõ veo a elle. Com a qual tractou tã tenperadamente e tã razoavelmente que elle cõpungido pormeteu de coreger todallas cousas ao alvidro dese sancto homẽ. Mais logo como se partio delle, ese Pedro pungido de maaos conselhos e com-[67v]fiando muito ẽ a virtude do seu ẽgenho e ẽ o exercicio * de desputar sayo-se do proposito mais sãao. E foy-se ao bispo senomsense em cuja egreja avia de seer cellebrado hũu grande concelho d'i a pouco tenpo, dizendo como a abbade de Claraval scundudamente detrahia aos seus livros e que elle era aparelhado de defender ẽ publico seus scriptos rogando que o dicto abbade fose chamado ao cõcelho se algũua cousa tevese pera dizer. Foy fecto asy como pidio, mais o abbade chamado recusou de vinr dizendo que esto nõ era seu. Despois porem inclinado a rogos e amoestamentos de grandes barõoes, por nõ seer escandolo ao poboo e ao aversairo creçerẽ os cornos, consintio de vinr, triste porẽ e nõ sem lagrimas esto outorgado, segundo se testemunha ẽ a carta que ẽviou ao Papa Innoçençio onde mais cõpridamente e mais claramente elle prosege todo o negocio. Foy presente aquelle dia e a egreja abastosamente juntada onde pollo servo de Deus forõ pronunciados ẽ meo os scriptos daquelle Pedro e demostrados e asiinados os capitolos do error. Ao qual foy dado scolhimento que ou os negase seerẽ seus, ou humildosamente coregese o error, ou respondese se podese aas razõoes contrairas que lhe ouvesem de fazer e aos testemunhos dos sanctos padres. Mais elle, nõ querendo reprender-se nẽ podendo resistir aa sabedoria e espiritu que falava, pera * remiir o tenpo apelou pera a See apostolica. Mais despois, per aquelle nobre vogado da fe chatolica elle foy amoestado que soubese que nẽhũa cousa seria fecta ẽ sua pesoa e que respondese livremente e seguramente e que seria ouvido e [68r] sofrido ẽ toda paciencia e nom ferido por algũa sentença. O que de todo ẽ todo recusou de fazer porque elle confesou despois aos seus, segundo elles dizem, que certamente em aquella ora foy torvada grande parte da sua memoria e a razom lhe scureçeu e o siso de dentro lhe fugio. E porẽ sem embargo desto a egreja, que fora ajuntada, leixou a elle, abstendo-se da sua pesoa, e condenou a doctrina maa. Quando acharia aquelle Pedro refugio ẽ a See de Pedro, o qual tã longe desacordava da fe de Pedro? Certamente o Sancto Padre de Roma ẽvolvendo ese actor per esa mesma semtença cõ seus errores condenou os scriptos que forõ queimados.

[Bernard demonstrates error of beliefs of Gilbert de la Porré in Council in Rheims.]

Itẽ foy aquelle Gilberto, que chamavã Porrata, Bispo de Pitavo, ẽ as sacras leteras muito exercitado, o qual sculdrinhando as cousas mais altas que si se lhe tornou ẽ nõ-sabedoria. Certamente da unidade da Sancta Trindade e da sinplizidade da devindade nom sinplezmente sintindo, nẽ fielmente screpvẽdo, prepoinha pãaes scondidos e lançava augas furtivas aos seus discipulos, nõ cõfesando esto a pesoas autenticas, porque se timia. Em fim porẽ como ja asi fose que scandalo e murmuraçõ dos fiees sobre esto creçese, foy chamado ẽ meo e foy-lhe mandado que dese o livro em o qual muitas e graves blasphemeas screpvera. E asi ẽ o cõçelho, o qual çellebrou o venerabel Papa Eugenio ẽ a cidade de Remes, fez contra este Gilberto o singular punador da sancta Egreja Bernardo demostrãdo e descobrindo primeiramente todo aquelo que elle trabalhava de sconder cõ cavilações de pallavras; disi reprendendo-o per disputaçõ de dous dias asi cõ razõoes suas como cõ testemunhos de sanctos. E consiirando ja que **[68v]** os que presentes estavã ẽtendiã a blasphemea ẽ a doctrina, nõ fazendo ainda porẽ injuria ẽ a pesoa, foy açindido per zelo e chamou a sy a egreja domestica de França. Desi cõ comũu cõselho dos padres das x provençias e doutros bispos e abbades muitos, ditante o homẽ de Deus, foy reprovada a nova doctrina cõ doctrina nova ẽ a qual forõ soscrepvidos os nomes de cada hũus: que asi como o zello de todos nõ era reprensivel, asi a todos nõ repreensivel fose notificado. E asy certamente per juizo apostollico e per actoridade da universal Egreja aquelle error foy danado. E foy fecta pregunta ao Bispo Gilberto se consintia a esa danaçõ. E elle, consintindo a ella, e squivãdo a ella as cousas que primeiramente escrepvera e afirmara, pidio perdom e foy-lhe outorgado maiormente porque do começo elle se cautelara com tal plectejamẽto ẽtrrar aaquella disputaçõ, que pormeteu sem algũu ẽduramento livremente coreger sua opiniõ segundo alvidro da sancta Egreja.

[*In the Toulouse region the heresy
of Henry is repressed.*]

Em as partes de Tolosa hũu Henrique, ẽ outro tenpo mõje e ẽtom apostota de vil e maa vida, cõ palavras de perversa doctrina ẽganava a gente daquella terra. Era çertamente manifesto inmigo da egreja, sem reverença contrariando e anichilãdo aos eclesiasticos sacramentos a aos ministros della, provectando ja muito ẽ esa maldade. Segundo delle screpvendo o venerabel padre ao prinçipe de Tholosa, antre as outras cousas dizia: "Erã achadas as egrejas sem poboos, os poboos sem sacerdotes, os saçerdotes sem a devida reverença e os christãos sem Christo. A vida era ẽçarada aos parvoos dos christãos porque a graça do baptismo se lhe negava. As oraçõoes erã scarnidas e as oblaçõoes pollos mortos, as ẽvocações dos sanctos, as excomunhões dos saçerdotes, as perigrinações dos fiees, as edificações **[69r]** das egrejas, as vacações * dos dias solepnes, as cõsecrações do oleo e do crisma, e certamente todollos stabiliçimentos eclesiasticos erã desprezados." Por esta neçesidade ho homẽ sancto tomou caminho, sendo ja ante ameude rogado da egreja daquella regiom e ẽtõ rogado e aduzido do reverentisimo Alberico Bispo Hostiensi e Legado da See Apostolica. E certamente vindo cõ grande devaçõ reçebido do poboo da terra asi como se do çeeo anjo veese. E nõ pode hi fazer tardança porque nõ avia hy quẽ podesse reteer tanta multidom das cõpanhas quanta de dia e de nocte cõtinuadamẽte viinhã demandar-lhe bençõ e ajuda. Preeegou porẽ ẽ a çidade de Tholosa per algũs dias e ẽ outros lugares em que aquelle mezquenho mais andara e que mais gravemente ẽçujara, ẽsinando muitos sinplezes ẽ a fe, e firmãdo ẽ ella os dovidantes, e revogando os errãtes, e repairando os sovertidos, e os sovertedores e obstinados per sua actoridade apremendo, que, nõ digo resistir, mais çertamente presentes estar e apareçer nõ presumisem. E aquele herege fugio ẽtõ e forõ-lhe cercados os caminhos e gardados de gisa que nõ podese ẽ algũu lugar estar seguro e mãdado que fose tomado e aprisuado e ētrege ao bispo. Em o qual caminho per muitos signaaes foy Deus glorificado ē o Seu servo, revogando os coraçõoes de hũus dos errores cruees, e sando os corpos doutros de desvairadas infirmidades. He hũu lugar ē aquella regiõ, que chamã Sarlato, * onde forõ oferecidos pera benzer muitos * pãaes ao servo de Deus despois que acabou o sermõ, segundo lhe faziã ē **[69v]** qualquer outro lugar. Os quaaes elle, levantada a mãao e fecto signal da cruz, ē o nome do Senhor benzendo dise: "Ē esto saberees que as cousas que vos preeegamos som verdadeiras e as que os hereges vos conselhã som falsas; se os vosos ēfermos, gostados estes pãaes, reçeberē saude." E temendo aquelle grande Gaufrido, venerabel bispo de Carnota, que estava presente e achegando ao homē de Deus dise: "Se cõ boa fe os tomarē serā sãaos." Ao qual o padre sancto, da virtude do Senhor nēhũua cousa duvidando, dise: "Nõ dixe eu eso; mais verdadeiramente aquelles que os gostarē serã sãaos; que elles nos conheçã seermos verdadeiros mesejeiros de Deus." Tam grande multidõ de ēfermòs logo recebeu saude, gostado aquelle pã, que per toda a provençia aquella palavra foy devulgada, e, o homē sancto tornado per os lugares vizinhos, foy tanta a multidom sobre elle que nom a podendo soportar, tornou-se e temeo de hir alla.

[Bernard cures a paralytic in Toulouse.]

O* primeiro milagre que ē a çidade de Tholosa per o seu servo Christo fez foy o curamento de hũu clerigo paralitico. Visitando este o homē de Deus aa pitiçõ do abbade e dos frades açerca da nocte ē a casa dos clerigos regulares de Sam Saturninho, dos quaaes elle era hũu, achou-o ē paso de morte querendo ja lançar o pustumeiro spiritu, e cõsolou-o e deu-lhe a benção. E despois que se saio, segundo elle despois cõfesou, falava ē seu coraçõ o fiel servo ao Senhor assi cõ feuza como cõ fe, dizendo: "Que agardas, Senhor Deus? Esta geeraçõ signaaes demanda. E doutra guisa menos **[70r]** açerca delles aprovectamos cõ nosas palavras se nõ forē de ti cõfirmadas cõ signaaes siguintes." Em essa ora se levantou o paralitico do lecto corendo a eelle e siguindo-o cõ a devaçõ que devia abraçando as suas sanctas peegadas. Ao qual asi hindo ēcontrou hũu dos coonigos e spaveçeu e braadou, cuidãdo que era fantasma, crendo que do lecto se nõ podia alevantar e pensando que lhe saira a alma do corpo e que lhe apareçia em fantasma, fugio cõ temor. Mais despois assi como aos outros a verdade da cousa fez fe, sayo antre os irmãaos esta palavra e correrõ todos a veer cõ prazer, e antre os primeiros veo esse bispo e legado. E disi forom-se aa egreja * hindo deante aquelle que reçebera saude, e cantarã louvores * a Deus, cantando cõ elles aquelle que fora livre da infirmidade. De todallas partes se juntava o povoo, bemdiziam a Christo, triũphava a fe, os infiees erã cõfundidos, alegravã-sse a piedade e nõ avia lugar a nõ-piedade. Disi o homẽ de Deus ẽtrrou ẽ a çella õde pousava e mandou guardar e çarrar bem as portas que nom podesse chegar a elle o poboo que corrya.

[Bernard's explanation of the miracles he performs.]

Como assi fose que tornando-sse dessa provençia o homẽ de Deus os signaaes mais e mais creçessem e fossem multiplicados ẽ dias, nõ he pera leixar o que antre estas cousas trazia ẽ o coraçõ aquelle que [de] Christo apreendera humildade e mansidõ de coraçõ. Çertamente desputando elle cõsego ẽ seus cuidados e falando dessa avondança de seu coraçõ a hũus frades domesticos de sua religiom, dizia-lhe: "Muito me maravilho * porque se fazẽ estes millagres ou [70v] porque faz Deus taaes cousas per tal. Nemhũua cousa me acordo que leese ẽ as Sacras Scripturas sobre esta geeraço de signaaes, ca certamente os signaaes que ẽ algũu tenpo se fezerõ forõ fectos per homẽes sanctos e perfectos, e per fĩgidos. E eu sabedor som que nõ ha ẽ mỹ perfecçom nẽ fingimento. Sey certamẽte ẽ mỹ nõ aver os meriçimentos dos sanctos que per milagres ajam de seer alomeados. Confio certamẽte eu nõ pertençer aa sorte daquelles que muitas virtudes ẽ o nome do Senhor obram e do Senhor nõ som sabidos." Estas cousas e deste modo mais ameude e mais secretamẽte cõ os homẽes spirituaes cõfiria. E em fim, sem duvida vẽdo achar a si mesmo convinhavel saida, dizia: "Sey que estes signaes nõ pertẽeçẽ aa santidade de hũu mais aa de muitos, e Deus nõ cõsira tanto a perfecçom quanto a opiniom ẽ o homẽ, per o qual taaes cousas obra pera ẽ elle ẽcomendar aos homẽes aquellas cousas, as quaaes he criudo seerẽ ẽ elle per virtude. E certamente estas cousas nõ som fectas por aquelles per os quaaes se fazẽ, mas mais sõ fectas por aquelles que as vẽe ou sabẽ.

Nem obra o Senhor per elles estas cousas a fim que prove eses seerē mais sanctos que os outros, mais por fazer os outros mais amadores e desejadores da sanctidade. Nēhũu provecto ergo he a mỹ destes signaaes quando certamente conheço que elles som demostrados mais a minha fama que aa minha vida, e nom som fectos por minha ēcomēdaçõ mas mais por amoestaçõ dos outros." Asaz, se nos nõ ēganamos, qualquer que pensar cõ diligente consideraçõ * estas cousas se maravilhara do coraçõ deste homē. E qualquer fiel estimador nõ reputara por mais provectosa cousa elle maravilhosamente obrar estes signaaes que os obrados ē tal modo ēterpretar. E nõ julgara a si por menos provectosa ... [*Lacuna*] *

[71r] ... ēcarego. E disi levemente deve seer perdoado aaquelles que o levarã. Certamente som romãaos e o dinheiro pareçeu-lhe muito e esa tentaçõ * foy trigosa.

*[Bernard forgives a monk who offends him.
His gentleness in reprimanding others.]*

Veo hũa vez a Claraval hũu clerigo destes que chamã regulares e pidia asaz inpurtunamente que o recebesem ē mõje. E o padre sancto cõselhava-lhe e dizia-lhe que se tornase aa sua egreja, e nõ o queria tomar. E o clerigo lhe dise: "Pera que ergo cõ tanta obra ē os teus livros ēcomendaste a perfecçõ se recusas dar ajuda a mỹ que a desejo?" E cõ maligno spiritu de ira trigosamente excitado e movido, segundo despois evidentemēte apareçeu, dise: "Çertamente se ora tevese aquelles livros, eu os ronperia." Ao qual o homē do Senhor respondeu: "Cuido que nõ liiste ē algũu delles que nõ podias seer perfecto ē a tua clasta. Se me bem nenbro ē todolos meus libros ēcomēdey correcçõ de custumes e nõ mudaçõ de lugares." Emtom se ēviou a elle asy como homē sem siso, e firio ē a queixada tam gravemēte que logo da bofetada que lhe deu ficou a façe vermelha e inchada. E quando virõ esto os que presentes stavã lançaran-se a elle pera o teerē como sacrilegeo, mais o servo de Deus os teve clamando-lhe e dizēdo per o nome de Christo que ē nēhũu modo o tangesem mais que o levasem ē tal modo e cõ tal cuidado que ē nemhũua cousa lhe fose ēpeecido de cada hũus delles. A qual cousa tã apertadamēte mandou que aquelle mezquenho temendo e tremendo foy daly levado sem injuria algũa.

Certamente o servo de Deus excellentemente splandeçeu ē a liberdade do spiritu e cõ humildade e mã-[71v]sidõ, porē ē tal gisa que ē hũu modo pariçia que a todo homē avia reverença e que nõ temia algem. Mais usava d'amoestações e de rogos, que de increpações e doestos. Quam sem vontade lançava palavra amargosa, e ē sto se pareçia: porque mui de ligeiro retiinha o inpeto della. Certamente maravilhava-se da nõ-bondade daquelles homēes, os quaaes, algũas vezes per ventura torvados, ham por agravo darē por si qualquer scusaçõ razoavel ou fazerē qualquer satisfaçõ humildosa e que esa paixõ de sua torvaçõ delecte asi a elles mizquenhos que avoreçã todo remedio: nõ abrã as orelhas, çarē os olhos e en todos modos se esforçã que o movimento e sanha que hũa vez he naçida nõ posa seer saada nē amansada. Porē nõ menos ligeiramēte algũas vezes era refreada a sua represom da grave e torvada resposta que da humildosa, ē tanto que diziã algũs que reprendia algũua ora ao que calava e callava-se ao que contrariava. Dizia * elle que onde d'anbas as partes soava tenperança, o ffalamēto era doçe; * e onde de hũua parte, era provectoso; e onde de nẽhũua parte, era pernicioso * e maao. Certamente onde de hũua parte e da outra soa dureza, he aroydo e nõ-corecçõ, nē disciplina mais rixa. Asy que convenha mais ē tanto disimular seer prelado, e amãsado o movimēto, mais provectosamēte castigar os sojectos; ou certamente, se asi a cousa o requerer, gardar o cõselho do Sabedor, porque "o sandeu nõ he coregido per palavras." * Falla elle antrre as outrras cousas das increpações e reprensõoes menos proveitosamēte e menos pacientemente reçibidas ē o sermõ ·xl·ii·º sobre os *Cantares dos Cantares* dizēdo antre [outras cousas]: * [72r] "De minha vontade neçesario seria nēgē reprender e esto certamente seria milhor. Mais porque ē muitas cousas asanhamos todos, a mỹ calar nõ convem, a quē do ofiçio pertēeçe reprender os pecantes. E mais çertamente o costrange a karidade. E se eu reprender * e fezer o que meu he, e aquella represom nom fezer o que he seu nē aquello a que ha emviey, mais tornar-se a mỹ vazia asi como dardo que fere e torna a detrras, que cuidaaes, irmãaos, que cousa d'alma ētõ terey? Per ventura som constrangido? Per ventura som torcido? E que a mỹ usurpe algũa cousa das pallavras do Mestre, porque de sabedoria nõ poso: de todo ē todo som constrãgido de duas cousas, e nõ sey que scolha: * se prazer-me ē aquello que faley, porque fizi o que divia, ou fazer pendença sobre a minha palavra, porque nõ reçeby o que quise. Diras-me per ventura que o meu bẽ a mỹ se tornara porque livrey a minha alma e som linpo do sange do homẽ, ao quall denunciey e faley que se tornase do seu maao caminho e vivese. Mais se taaes cousas e semelhavees me diseres, pouco consollarõ a mỹ esgardante ẽ a morte do filho. E asy como se catase meu livramento per aquella reprẽesom e nõ delle. A qual madre jamais se tenperara de chorar, ainda que saiba que fez todo cuidado e diligençia que pode ao filho ẽfermo, se mỹgada se vee e seus trabalhos ẽ vãao morendo elle?" Estas cousas ataa 'que.

Tanto desejador era de mansidom e de paz que naturalmente avoreçia todo scandolo e lhe era grave sosteer algũu agravamẽto e nom o sintir inposivel. Certamente nõ desprezou * [72v] algem nem teve ẽ pouco o scandollo d'algũu homẽ ainda que a justiça e a verdade de Deus preposese. Porque quantas vezes lhe cõviinha reprender ou ẽbargar os actos culpados d'algũus, tam consiiradamente o fazia que avondosamente esses que pariçiã danados tiinhã ẽ seus coraçõoes donde a sy por ello satisfezesem. Certamente vimos deses algũus, dos quaaes menos parecia esa cousa poder seer esperada, cõ mayor devaçõ despois servir a elle e aprender-se aas suas peegadas. Dizem porẽ que tiinha ẽvejosos pera que ouvese merito delles. Mas tam singularmente demostrava e apariçia a gloria do seu nome, que aquella pestenẽça se desfezera mais * cõ desperaçõ [e] temera * de se demostrar e seer conheçida. E ainda com humildade e mansidom delle era vencida e per benefiçios e serviços era afogada e destruida. Sem duvida elle era ẽsinado de vençer o mal ẽ o bem, segundo elle screpvendo * a algũus frades antrre as outras cousas diz: "Achegar-me e aprender-me-ey a vos, ainda que nõ queiraaes. Aprender-me-ey a vos ainda que nõ queira. Contra vosa vontade vos prestarey, aos ẽgratos aderey, e os que me desprezarem honrarey." Tanto certamente abrangia todolos homẽes cõ desejo de irmãao que mais gravemente era atormentado, segundo elle soya de confesar, do escandollo daquelles aos quaaes nẽhũua ocasiom de scandolo avia dado. Mais certamente afligia o scandolo d'outrẽ o sseu muy piadoso e graçioso pecto, ca o consolava a inocẽcia da sua propria cosçiençia. Menos esperava poder seer saado aquello que nõ via donde proçedia. Grande sollaz mostrava que lhe era quando achava donde podese satisfazer ou ao homem [73r] por sy ou a Deus por o homẽ nom sem ocasiõ torvado. Muy grande desejo e grande prazer era a elle o ffructu * das almas e o convirtimẽto dos pecadores. E porẽ com muy piadoso desejo se amerçeava aas neçesidades corporaaes, a humanidade do qual era tanta que nõ soomente aos homẽes mais ainda aas animalias nõ razoavees, aves e bestas feras avia cõpaixõ. Acõteçeu hũu dia que elle hia per caminho e vio hũua lebre hir fugindo a cãaes que ja hiam pera a tomar, e fez o signal da cruz e maravilhosamẽte a livrou. E dise aos que a sigiam que ẽ vãao trabalhavã e que ẽquãto elle fose presente que ẽ nẽhũu modo a filhariã.

[*Bernard is best revealed in his own writings.*]

Estas cousas nos dos sacros custumes de noso padre, segundo noso modo so brevidade, screpvemos. Mais çertamẽte muito mais longe apareçe elle ẽ os seus livros e das suas proprias leteras he notificado, em as quaaaes asy he visto spremer sua imagẽ e demostrar hũu spelho de sy que aquello d'Anbrosio per meriçimẽto he visto poder seer a elle aptado: "Per louvor elle se soe, e laureado de spiritu per seus scriptos seja coroado." Se algẽ deseja de conheçer quã solliccito julgador e esculdrinhador esteve ẽ o começo de sy mesmo, esgarde a primeira sua obra dos *Graoos da humildade*. Desy se demandar a religiosa devaçõ da sua piadosa mẽte, vaa as humilias ẽ os *Louvores da Madre Virgẽ* e aaquele livro o qual fez de *Como se deve amar Deus*. Se demandar o fervente zelo contrra os viçios seus ou dos outros, lea aquelle livro que elle [73v] chama *Apologetico*. Se demandar seer vigiãte ẽ o zelo do coraçõ e queser discripçõ esgardosa, ouça o livro que elle fez do *Precepto e da despensaçõ*. Quam fiel ẽcomendador e ajudador foy de qualquer conversaçõ piadosa o seu sermõ que chamã *Exortatorio ad milites tẽpli* o declara. Quanto nõ foy ẽgrato aa graça de Deus, daquellas cousas se demostra, as quaaes tam fielmẽte e sutilmẽte disputou da *Graça e livre alvidro*. Quam livre ẽ a voz, quam diserto e rico ẽ o conhicimẽto das cousas superiores e inferiores o diligẽte cõsiirador o pode conhecer ẽ aquellas cousas que da *Cõsidaraçõ* screpveu ao Papa Eugenio. Quam devotisimo preegador foy da sanctidade alhea, a vida que screpveo do Bispo Sam Malachias o demostra. Em os sermõoes sobre os *Cãtares dos Cãtares* elle he demostrado grande achador dos misterios e grande edificador dos custumes. Em as cartas, as quaaes ditou a desvairadas pesoas por desvairados negocios, o prudẽte leedor pẽsara cõ que fervor de spiritu toda justiça amou e como ouve ẽ odyo toda nõ-justiça.

Certamẽte o fiel servo de Christo nõ demãdava algũa cousa sua: qualquer cousa porẽ que era de Christo asi como sua a curava. Quaaes pecados nõ reprẽdeu, quaaes odios nõ apagou, quaaes scandolos nõ refreou, * quaaes scismas nõ repairou, quaaes heresias nõ vẽçeu? Qual cousa sancta, qual cousa honesta, qual cousa casta, qual cousa amavel, qual cousa de boa fama, qual cousa de virtude ou de disciplina laudavel nascida ẽ cada hũa regiõ ẽ seus dias a sua actoridade nõ firmou, a sua * karidade nõ criou, a sua diligẽçia nõ promoveeo? Qual cousa ante promovida seer mais dilatada nõ desejou? Qual cousa per vẽtura deribada nõ fez cõ toda força segundo o lugar e tenpo que fose repairada? Qual foy o que desposese de fazer qualquer maliçia que nõ temese o seu zelo e actoridade? Qual foy o que desposese de fazer qual-[74r]quer bem que nom conselhou, se pode, a sua ssantidade, que nom desejou o seu favor, que nom demandou a sua ajuda? Qual foy aquelle que de qualquer tribulaçom fielmente clamase e se achegase ao sacro tenpllo da devindade, que morava em o seu pecto, que trabalhase em vãao? O triste reçibia dele solaz; e o aflito, ajuda; o atriblado, conselho; o emfermo, remedio; o prove, ajuda. Asy se fezera servo de todos, como se a todo o mundo fora geerado, asy porem livre de todos, tendo cuidado de sua consciençia, asy como dado aa soo cura e garda do seu coraçom. Oliva speciosa, vide fructuosa, * palma florida, cedro multiplicada, platano exalçada, vaso de scolhimento, vaso de honra em a casa de Deus, vaso forte de ouro, ornamento de toda pedra preçiosa, afortificado de fe e santidade, e de desvairadas karismas asy como pedras preçiosas ornado, o qual presente, toda sanctidade se alegra, toda nom-piedade ha vergonha. Açerca daquelo *videbunt recti et letabuntur et omnis iniquitas oppilabit os suum.* * O qual presente, qualquer honravel convẽto resplandeçeu asy como per hũu sol, e, elle absente, apareçeu escuro e em algũu modo mudo. Cuja amenzinhavel mãao e lingoa, hũua e a outra, curava as infirmidades, hũa per obras e a outra per custumes. Ora ja sobre aquellas cousas, que em os signaaes de fora e em muito demostramento * de virtudes estam, o segũdo * livro, segundo ffoy prometido em o proemeo, algũu tanto contara.

[Fim]

NOTES

f. 1r	Claraval	*Abbade de Claraval* appears on the line above the rest of the incipit. The letters in brackets have been worn off or otherwise eradicated.
f. 1v	dignamente	MS: *dignamenente*.
f. 1v	escrepvendo	MS.: *esprevendo*.
f. 2v	cãaes, etc.	The Latin original is "lingua canum tuorum ex inimicis, ab ipso," Ps. 67:24. This and all subsequent Biblical quotations cited in Latin in these notes come from *Biblia Sacra juxta Vulgatam Clementinam* (Tornaci: Desclée et Socii, 1947).
f. 3v	Galilee, etc.	"[in mense autem sexto,] missus est angelus Gabriel a Deo in civitatem Galiææ, cui nomen Nazareth, ad virginem desponsatam viro cui nomen erat Joseph, de domo David, et nomen virginis Maria." Luke 1:26-27.
f. 4r	Domine	From the Litany of All Saints: "Per crucem et passionem tuam, [per mortem et sepulturam tuam,] líbera nos, Dómine." D. Beda Keckeisen, *Missal quotidiano* (Bahia, 1951), pp. [216-217].
f. 4v	Bernardo	This and other headings in parentheses are written in the margin, apparently in a different hand.
f. 4v	begnino	Cf. *maglino* (36r).
f. 4v	firmemente	The MS. has the haplography *firmente*.
f. 5v	caminho	MS.: *cominho*.
f. 5v	Antre	The MS. reads *ante* but Migne has *inter*. Here and in subsequent notes "Migne" will be used to refer to Johannes Mabillon (ed.), *S. Bernardi Abbatis Primi Claræ-Vallensis Opera Omnia* (Paris: J.-P. Migne, 1855), IV.
f. 5v	almas	Matt. 11:28-29: "Venite ad me omnes qui laboratis et onerati estis, et ego reficiam vos. Tollite jugum meum super vos, [et discite a me, quia mitis sum, et humilis corde;]

		et invenietis requiem animabus vestris." The portion in brackets is omitted from the Portuguese.
f. 7v	daque	This occasional alternate form for *daqui* is perhaps a scribal error influenced by *que*.
f. 8r	sayo	MS.: *seyo*.
f. 8r	encaminhou	MS.: *encaminhu*.
f. 8r	que	The word *ainda* between *que* and *estavam* appears to have been deleted.
f. 8r	filhos	MS.: *dos filho*.
f. 8v	spritu	The alternate forms *spritu* and *spiritu* occur so frequently that it is unlikely that the former is unintentional.
f. 8v	espiritu	MS.: *espītu* with a *til* instead of the normal superscript *i*.
f. 8v	Christi	The quotation, except for the first three words, comes from "confidens hoc ipsum, quia qui coepit in vobis opus bonum, perficiet usque in diem Christi Jesu;", Phil. 1:6. "Fidelis autem Deus est" can be found in II Thess. 3:3.
f. 8v	espiritual	MS.: *espriritual*.
f. 9v	Pregando	*Pagando* in the MS. translates Latin *prædicante*.
f. 9v	elles	With somewhat changed wording this quotation can be found in Acts 4:32: "Multitudinis autem credentium erat cor unum et anima una;" and Acts 5:12-13: "et erant unanimiter omnes in porticu Salomonis. Ceterorum autem nemo audebat se conjugere illis;".
f. 9v	corinthios	According to the Migne edition the reference here is to I Cor. 14:24-25: "Si autem omnes prophetent, intret autem quis infidelis vel idiota, convincitur ab omnibus, dijudicatur ab omnibus, occulta cordis ejus manifesta fiunt; et ita cadens in faciem adorabit Deum, pronutians quod vere Deus in vobis sit."
f. 10v	geerações	Isa. 54:1: "Lauda sterilis, quae non paris; decanta laudem, et hinni, quae non pariebas: quoniam multi filii desertae magis quam ejus quae habet virum, dicit Dominus." *habet virum* is represented by *he morada* a scribal error for *ha marido*.
f. 11r	Çister xv°	The date given in the Migne edition of *S. Bernardi Vita Prima (Patrologiae Cursus Completus)*, Tomus CLXXXV, col. 237, is 1113.
f. 11v	concupicencias	MS.: *concupicenas*.
f. 11v	abastase	MS.: *apastase*.
f. 11v	espiritu	MS.: *espitu* omitting the superscript *i*.
f. 12r	ingeniosus, etc.	The quotation is found in Wisd. of Sol. (Apoc.)

NOTES 155

		8:19-20. "Puer autem eram ingeniosus, et sortitus sum animam bonam. Et cum essem magis bonus, veni ad corpus incoinquinatum."
f. 12r	spirituaaes	MS.: *spituaaes*.
f. 12r	stormento	MS.: *storento*.
f. 13r	desejador	MS.: *deserador*.
f. 13v	meestres	MS.: *meestes*.
f. 13v	aquela	MS.: *aquala*.
f. 14r	os	MS.: *o sanctos*.
f. 14r	prigo	More commonly *perigo* or *periigo*.
f. 14v	chamavom	MS.: *camavom*.
f. 14v	conprido	This word appears to have had the *do* deleted and then restored.
f. 15v	os	*Os* is repeated in the MS.
f. 16v	aas	MS.: *aa*.
f. 16v	Spiritu	MS.: *spitu*.
f. 16v	conversom	MS.: *convensom*.
f. 22r	irmandade	MS.: *irmindade*.
f. 22v	tamanhas	MS.: *tamanhas / has*, the first *has* being inserted in the margin as an erroneous correction since the scribe took the *has* in the next line to be a separate word.
f. 23r	soem	MS.: *soom* (= Latin *solent*).
f. 23v	oferecendo	MS.: *oforeçendo*.
f. 23v	usar	MS.: *userar*.
f. 23v	esciença	MS.: *escinença*.
f. 23v	[*lacuna*]	At this point occurs a lacuna amounting to about four folios. A summary of the Latin text corresponding to the pages omitted here is given in Section III of the Introduction.
f. 24r	paso	MS.: *posa* corresponding to Latin *gressum*.
f. 25r	propios	*Proprios* would be more normal, although *propio* occurs in 30v.
f. 26r	chamamento	Corresponds to Migne *vacatio illa* in apposition with *feriae illae*, so apparently the translator read *vocatio* for *vacatio*. Likewise 69r has *vocações* for *vacationes*.
f. 26r	obedia	MS. has a cedilla under *ia* indicating probably that *obedeçia* was intended.
f. 26v	torney	MS.: *tormey*.
f. 27v	criou	Isa. 49:20-21: "Adhuc dicent in auribus tuis filii sterilitatis tuæ: Angustus est mihi locus, fac spatium mihi ut habitem. Et dices in corde tuo: Quis genuit mihi istos? ego sterilis et non pariens, [transmigrata, et captiva;] et istos quis enutrivit?"
f. 28r	orar	MS.: *orã*.
f. 28r	nomeou-lhe	MS.: *nomeu-lhe*.
f. 29v	(negro)	The gloss *negro* appears between lines above *maurelo*.
f. 30r	Chathalauno	MS.: *Chathatalauno*.

f. 30r	polla	MS.: *plla* without an indication of abbreviation.
f. 30r	do	*De* or *da* would appear to be the correct form here.
f. 31r	ẽpeeçera	Luke 10:19: "Ecce dedi vobis potestatem calcandi supra serpentes, et scorpiones, et super omnem virtutem inimici; et nihil vobis nocebit."
f. 31r	aas	Ezek. 1:25: "stabant, et submittebant alas suas."
f. 31r	homẽes	At this point in the MS. there is an illegible interlinear word between *homẽes* and *comendam*. From the Latin text only *apud Deum* seems not to be translated here, but there are not enough letters in the MS. to represent *açerca de Deus*.
f. 32r	Thederico	Probably a scribal error for *Theoderico*.
f. 32r	Ssigmaçensy	Probably a scribal error for *Signiaçensy*.
f. 32r	cousas	The quotation, with inversion of the first two phrases, comes from Ecclus. 20:32: "Sapientia absconsa, et thesaurus invisus, quæ utilitas in utrisque?"
f. 32v	tegma	MS.: *tegnia*.
f. 33v	quaaes	MS.: *quaas*.
f. 34r	segundo	MS.: *serg⁰*.
f. 34r	Deus	MS.: *deuus*.
f. 34v	nocte	MS.: *nocto*.
f. 36r	quaaes	*Quaaesquer* would fit the context better (= Latin *quibuslibet*).
f. 36r	maglino	Used instead of the more common *maligno*. Cf. *begnino* (4v).
f. 36v	outras	MS.: *utras*.
f. 37v	antre	MS.: *antres* with *s* probably by influence of adjacent words.
f. 38v	maleditas	MS.: *maledicas*.
f. 39r	muitos	MS.: *mutos*.
f. 40r	Medyolano	MS.: *Medylano*.
f. 41r	spaaço	MS.: *speraaço*.
f. 41r	fredes	*Frades* occurs elsewhere in this MS.
f. 41v	movimento	Part of this word is blurred: *movi---to*.
f. 42v	qual	MS.: *quaul*.
f. 43r	primeira	MS.: *preimeira*.
f. 43v	aquele	MS.: *aqueule*.
f. 43v	demoninha	This appears to be an error for *demoninhada* (= *dæmoniaca*).
f. 47r	scriptos	MS.: *sipritos* (with *til* over the *p*).
f. 47v	nos	The MS. clearly reads *nos* but the Latin version has *vobis*.
f. 47v	acabar	Luke 14:30: "Quia hic homo cœpit ædificare, et non potuit consummare!"
f. 48r	aprimimento	MS.: *a oprimimento*.

seria deficil poderem seer contados ou dictos, porque em ese tenpo
começarã de seer scriptos, mais erã tantos e tam sem-conto que os
nõ podiã escrepver; porque sem duvida hũa vez em hũu dia forõ
sãaos de suas ēfirmidades ·xx· ou ainda mais e aadur ficava dia
algũu que desto vagase. Certamente muitos ē ese tēpo Christo, polo
tangimēto e oraçõ do seu servo, cegos dos ventres das madres fez
veer, muitos mancos andar, muitos secos cõvalescer, muitos surdos
ouvir, e muitos mudos falar, maravilhosamēte restituindo a graça
o que menos fora dado polla natureza. E porē daquella hida nõ
[66r] foy livre a oriental Egreja, mais mereçeu * de seer chea e se
alegrar a Egreja celistial. Que se a Deus prouve por tal ocasiom nõ
tirar dos pagãaos os corpos dos orētaaes * mais tirar as almas de
muitos ocidentaaes; quē ousara de lhe dizer: "Que fezeste asy?"
Ou qual sabedor derectamēte se nõ doera mais da sorte daquelles
que aos primeiros pecados ou, per ventura, peores dos primeiros
tornarõ, que da morte daqueles, que em as ondas da penitençia
derã a Christo as almas per desvairadas tribulaçõoes purgadas. E
em outro modo digam os egipcios, digã os filhos das treevas que a
verdade nom posom veer nē dizer, "Enganosamēte os tirou pera os
matar ē o deserto." * Paçientemēte soporta o Salvador aquelle doesto
o qual com a saude de tantas almas conpensa. Certamente ese
honrravel padre antre as outras cousas se nēbrou desta palavra
dizendo: "Se neçesario he hũua de duas cousas se fazer, mais quero
que a murmuraçõ dos homēes seja em nos que ē Deus. Boa cousa
he a mỹ, se tever por bē usar de mỹ por scudo. De boamente
reçebo ē mỹ as nom boas lingoas dos maldizentes e as seetas ēpo-
çoentadas dos blasphamadores, que nom venhã a Elle. Nom recuso
seer fecto nõ glorioso por nõ seer hido cõtra a gloria de Deus."
Estas cousas elle ē o livro da *Consiiraçõ* segundo. Aconteçeu asi
que ē o lugar onde primeiramēte ē França veerõ as novas de choro
da distruiçõ e disipaçõ dese exercitu que hũu homē ofereçeu hũu
seu filho çego ao servo de Deus que lho alomease. Vençendo-o cõ
muitos rogos a excusaçõ delle que se scusava de o fazer, e empoendo o sancto a mãao ao moço, orou ao Senhor que se delle
[66v] saira a palavra daquela preeegaçõ e se o seu espiritu * fora
presente a elle preeegante, que tevese por bem de o demostrar em
o alomeamento delle. E acabada a oraçõ, pidindo o santo o efectu
della, dise o moço: "Vejo. Que farey?" Foy logo levantado clamor
dos que hi estavã e muitos nõ soomente dos frades mais dos sagraaes

NOTES

f. 48r	Pedro	As occasionally happens, the scribe has an *e* instead of an *o*, making this word *Pedre*.
f. 49r	Aquetania	MS.: *Equetania*.
f. 49r	luxurioso	MS.: *lixorioso*.
f. 50r	apareçeu	MS.: *apareçou*.
f. 50v	archipresbiter	MS.: *archibresbiter*.
f. 50v	Pictavo	MS.: *Pctavo*.
f. 51v	coraçõoes	This word translates Latin *orationibus*, thus is probably a scribal error for [*o*]*oraçõoes*.
f. 51v	epilentico	Probably an error for *epileutico*. Cf. *Seutagesima* for *Septuagesima* (26r).
f. 52r	obedeeçe	An interlinear *a* at this point appears to be an erroneous correction since the following *toda a egreja* is clearly nominative.
f. 52r	Spiritu	MS.: *spitu*.
f. 52r	alguẽ	The quotation is from I John 5:15: "Est peccatum ad mortem, non pro illo dico ut roget quis."
f. 52v	Moyses	MS.: *Meyses*.
f. 54r	ẽviada	Perhaps this should be *foy ẽviada* or *ẽviava* (= Latin *mitebat*).
f. 55r	vogado	MS.: *vagado*.
f. 55v	desprezou	This word is repeated in the MS.
f. 56v	miserias	MS.: *miseririas*.
f. 57r	Nepa	MS.: *Repa*. *Nepa* is the Latin original.
f. 57r	Roberte	Latin: *Hubertus*.
f. 57v	Allemanha	MS.: *Ellemanha*.
f. 57v	Bernardo	A marginal note in the MS. reads: "Bernardo Papa, Abbade de Santo Anastasio e nõ nosso padre Sam Bernardo." The reference here is to Pope Eugene III (1145-1153).
f. 57v	nasçida	An interlinear correction (*de*) at this point appears erroneous.
f. 57v	comessem	MS.: *convessem* (= Latin *comederent*).
f. 58r	Screpveo	MS.: *srepveo*.
f. 58v	cousa	*Hũua soo cousa* corresponds to Latin *unam domum*, there *cousa* is probably an error for *casa*.
f. 58v	Jerusalem	MS.: *Jerusasem*.
f. 59v	religiosos	MS.: *religios*.
f. 59v	aquele	MS.: *aqueulle*.
f. 60v	perfaz	This is a translation of II Cor. 12:9: "...nam virtus in infirmitate perfecitur."
f. 60v	Geoffrey	At this point the Latin version in Migne (cols. 301-303) contains the *Præfatio* of the Third Book of the *Life of St. Bernard* written by Geoffrey. If this preface was in the original Portuguese translation then the copyist was responsible for the omission since it occurs in the middle of a page (unlike the lacuna between 23v and 24r).
f. 61v	trabalhava	MS.: *trablhava*.

f. 61v	desfalliçimento	MS.: *defalliçimento.*
f. 61v	monje	MS.: *menje.*
f. 62r	o	MS.: *a.*
f. 62r	aparesse	MS.: Scribal error for *apareçesse*?
f. 62v	bispo	The abbreviated form in the MS. is *pbo* instead of the normal *bpo* (with *til* over the middle letter).
f. 62v	granopolitano	Apparently a syllable is omitted since the Latin is *Gratianopolitanum.*
f. 62v	fora de	The MS. has *fora d⁻* at the end of one and then *de* at the beginning of the next line in the margin.
f. 63r	viinha	MS.: *viiha.*
f. 63r	ēcurtado	MS.: *ēcurtutado.*
f. 63v	humanal	MS.: *humalial.*
f. 63v	quaesquer	MS.: *quasquer.*
f. 63v	coaptava	MS.: *acoptava* is the translation of Latin *coaptabat.*
f. 64r	doçe	This quotation is from Cant. 4:3 "Sicut vitta coccinea labia tua, et eloquium tuum dulce."
f. 64r	luz	This refers to Job 28:11: "Profunda quoque fluviorum scrutatus est, et abscondita in lucem produxit."
f. 64r	Escriptura	MS.: *escpritura.*
f. 64v	Amou	The context and the Latin, *legem dilexit,* confirm that MS. reading *amey* is incorrect here.
f. 66r	mereçeu	MS.: *mereçou.*
f. 66r	orētaaes	MS.: *erētaaes.*
f. 66r	deserto	Exod. 32:12: "Callide eduxit eos, ut interficeret in montibus..."
f. 66v	espiritu	MS.: *epiritu.*
f. 66v	eç.	Ps. 106:35-38: "Posuit desertum in stagna aquarum, et terram sine aqua in exitus aquarum. Et collocavit illic esurientes et constituerunt civitatem habitationis; et seminaverunt agros et plantaverunt vineas, et fecerunt fructum nativitatis. Et benedixit eis, et multiplicati sunt nimis; et jumenta eorum non minoravit."
f. 67v	exercicio	MS.: *exercito* translating *exercitio* in Migne.
f. 67v	pera	MS.: *pre.*
f. 69r	vacações	MS.: *vocações* translating Latin *vacationes.* Cf. *chamamento* used to translate *vacatio* in 26r, so perhaps the error here is of the translator rather than of the scribe.
f. 69r	Sarlato	MS.: *Farlato* corresponding to Latin *Sarlatum.*
f. 69r	muitos	MS.: *mutos.*
f. 69v	O	A marginal note reads: "Do paralitico que deu sãao."
f. 70r	egreja	MS.: *greja.*
f. 70r	louvores	MS.: *louveres.*

NOTES

f. 70r	maravilho	MS.: *maraviho*.
f. 70v	consideraçõ	The MS. has an *e* inserted between the *d* and *a* of *considaraçõ*. The scribe then failed to erase the *a*.
f. 70v	[*Lacuna*]	Here there is a lacuna of about two folios. A summary of the Latin text corresponding to the pages omitted is given in Section III of the Introduction.
f. 71r	tentaçõ	MS.: *tençõ* translating *tentatio*.
f. 71v	Dizia	MS.: *didia*.
f. 71v	doçe	MS.: *doço*.
f. 71v	pernicioso	MS.: *perriicioso*.
f. 71v	palavras	This quotation is a translation of "stultus non corrigitur verbis" which the Migne life of St. Bernard (col. 318) identifies as Prov. 18:2. A modern Vulgate gives this as "Non recipit stultus verba prudentiæ..."
f. 71v	[outras cousas]	A marginal insertion at the foot of the page reads "antre [illegible]." The Latin text calls for "antre outras cousas" or some similar expression.
f. 72r	reprender	MS.: *repreende*.
f. 72r	scolha	This is based on Phil. 1:22-23: "...et quid eligam ignoro. Coarctor autem e duobus: ..." The order of the two phrases is reversed.
f. 72r	desprezou	MS.: *despezou*.
f. 72v	mais	After *pestenẽça* the words *da ẽveya* are crossed out and the phrase *se desfezera mais* is inserted in the margin.
f. 72v	temera	MS.: *temeia?*
f. 72v	screpvendo	MS.: *spvendo* preceded by an erasure.
f. 73r	ffructu	MS.: *ffuctu*.
f. 73v	refreou	MS.: *refreu*.
f. 73v	sua	MS.: *su*.
f. 74r	fructuosa	MS.: *fuctuosa*.
f. 74r	*suum*	This quotation, from Ps. 106:42, is very abbreviated: "videbunt recti & le & oĩs .i. op. os suũ.
f. 74r	demostramento	MS.: *demostramente*.
f. 74v	segũdo	*O segũdo livro* here refers to the second book by Geoffrey which is actually the fourth book of the life of St. Bernard as contained in Migne.

TABLE OF PROPER NAMES *

A

Aaram,	Aaron, brother of Moses (Ex. 5:14) (46r).
Aarõ,	Aaron (65r).
Abirom,	Abiram or Abiron, son of Eliab, who with others rebelled against Moses (Num. 16:1) (51r).
Absalõ,	Absalom, son of David (II Sam. 3:3; II Kings 3:3 in Vulgate) (60v).
Adalayda,	Aleth, Aletta, Alèthe or Alice (St. Bernard's mother) (2r).
Alano,	Alain, Abbot of Arrivour and Bishop of Auxerre (died in Clairvaux in 1185 or 1186) (57r).
Albano,	Albano, suburban see, 10 miles from Rome (37r).
Alberico,	Alberic, Cardinal-Bishop of Ostia (1080-1147). (69r).
Albom,	Albano; see *Albano* (41v).
Aldrico,	Gaudry, maternal uncle of St. Bernard (scribal error for *Galdrico* = Latin *Galdricus*?) (6v).
Algoto,	Algotus, Bishop of Chur, Switzerland (57v).
Allemanha,	Alemania (includes that part of present day Switzerland where Chur is located) (57v).
Alpensi,	Aulps, Notre-Dame des Alpes, between Lake of Geneva and Mont Blanc (30r).
Alpes,	Alps (crossed by St. Bernard in 1133, 1135 and 1137) (27v, 44v, 46r).
Alva,	Aube River (passes by Clairvaux) (14r).
Amalech,	Amalek or Amalec (Exod. 17:8) (52v, 60v).
Amedeu,	Amadeus, Bishop of Lauxanne (1110-1159) (57r).
Amorreu,	Amorite or Amorrhite, member of tribe of Canaanites (Gen. 10:16) (56r).
Anacleto,	Anacletus II, antipope from 1130 to 1138 (33v).
Anastasio,	St. Anastasius (died 628) (56v).
Anbrosio,	St. Ambrose (340?-397) (38r, 39r, 73r).
Andre,	Andrew, brother of St. Bernard (6v, 17r).

---

* No attempt has been made to list every occurrence of every name, especially in the case of such as Bernardo, Claraval and others which occur very frequently.

Anna, Santa,	Hannah (Vulgate: Anna), mother of Samuel (I Sam. 1:2; I Kings 1:2 in Vulgate) (2v).
Anselmo,	Anselm, Archbishop of Milan from 1126 to 1135, made cardinal by Antipope Anacletus II (37r).
Antesiodoro,	Auxerre (Latin: *Autissiodorum*) (57r).
Antisiodoro,	Auxerre (9r).
Anxiense,	referring to province of Aquitaine? (Latin: *Auxiensis*) (48r).
Aquetania,	Aquitaine (52v).
Aquitania,	Aquitaine (28r, 48r, 50r).
Augas Salvias,	Tre Fontane, site of Monastery of St. Anastasius (56v).
Aureliano,	Orléans (34v).

B

Baldoim,	Baldwin, Bishop of Pisa from 1137 to 1145 (57r).
Balerna,	Balerne (Jura) (31v).
Beento, Sam,	St. Benedict (480-543) (25v).
Belgica, Segunda,	Second Belgium, province of which Rheims was the capital (including present Départements du Nord, du Pas-de-Calais, de la Somme, de l'Oise, de l'Aisne, de la Marne, de l'Aube and even parts of Belgium) (45v).
Belvaço,	Beauvais (l'Oise) (scribal error for *Belvaco*? = Latin: *Belvacum*) (57r).
Bemto, Sam,	St. Benedict (32v).
Beneventario,	referring to region of Benevento (55v).
Bento, Sam,	St. Benedict (20r, 25v).
Bernardo,	St. Bernard (1090/1-1153) (1r, 2r, 2v).
Bernardo,	Bernard, Prior of Monastery of St. Anastasius at Tre Fontane, afterwards Pope Eugene III (57r).
Bertolamou,	Bartholomew, brother of St. Bernard (6v).
Bẽto, Sam,	St. Benedict (57r).
Bregonha,	Burgundy (2r, 34v).
Bregonha, Duque de,	Duke of Burgundy (6r).
Bretanha,	Brittany (49r).
Brethanha,	Brittany (49r).
Brictio,	Brice, Bishop of Nantes (50r).
Burcardo,	Burchard, Abbot of Balerne from 1136 to 1157? (31v).
Burdegalense,	pertaining to Bordeaux (48r, 50r).

C

Camaldrense,	Camaldulensian or Camaldolese, name of a religious order founded at Camaldoli in the 11th century by St. Romuald (55v).
Carnota,	Chartres (35r, 37r, 49r).
Carnotense,	pertaining to Chartres (50r).
Cartusia,	Chartreuse, monastery in Dép. l'Isère (62v).

TABLE OF PROPER NAMES

Cartusiẽsi,	Carthusian, pertaining to religious order founded by St. Bruno in 1086 (55v).
Casinense,	pertaining to region of Monte Cassino (55v).
Casteliom,	Châtillon-sur-Seine (2v, 9v, 15r).
Cathalauno,	Châlons-sur-Marne (17v, 21r, 28r, 29r).
Caym,	Cain (Gen. 4:1) (10r).
Celestino,	Celestine II, Pope from 1143 to 1144 (57v).
Chathalauno,	Châlons-sur-Marne (29r).
Christo,	Christ (always abbreviated $Xp\bar{o}$ in this manuscript, but expanded *Christo*. Cf. Henry Hare Carter, *Paleographical Edition and Study of Codex Alcobacensis 200* [Philadelphia, 1938] p. 79) (5v, 6v, 36r, 62v).
Çister,	Cîteaux (5v, 7v, 10v, 11r, 18v).
Cistirciẽçi,	Cistercian, pertaining to the religious order founded at Cîteaux by Robert, Abbot of Molesme, in 1098 (55v).
Claraval,	Clairvaux (diocese of Langres, Aube), site of monastery founded by St. Bernard in 1115 (1r, 10r, 46v, 57r, 71r).
Cluniacẽse,	Cluniac, pertaining to the religious order or abbey founded at Cluny in 1910 (55v).
Cluniaco,	Cluny, site of Cluniac abbey (Saône-et-Loire) (63r).
Corinthios,	Corinthians, book in New Testament (9v).
Cremonia,	Cremona (43v).

D

Datham,	Dathan (Num. 16:1) (51r).
David,	David (I Sam, 16; I Kings in Vulgate) (2v, 60v, 64v).
Deus,	God (1r, 1v, 2r, 2v, 3r).
Dorotenssi,	pertaining to Dorat (Haute-Vienne) (49r).

E

Eboraco,	York, England (57v).
Eduensi,	diocese in which village of Touillon was located (modern Doubs?) (6v).
Ēgleses,	English (55 r).
Egypto,	Egypt (19v, 60r).
Elbodano,	Elbold, a Cistercian monk who acompanied St. Bernard to Châlons in 1115 (18r).
Eliseu,	Elisha (I Kings 19:19), Eliseus (Vulgate III Kings 19:19) (21r).
Emrique,	Henry I, King of England from 1100 to 1135 (60v).
Engolismo,	Angoulème (la Charente) (48r, 50r).
Equitania,	Aquitaine (49r).
Ermengardis,	Countess Hermengarde of Brittany (49r).
Estevã de Intreio,	Stephen of Vitré (scribal error for *Estevã de Vitreio?*) (29r).
Eugenio,	Eugene III, Pope from 1145 to 1153 (63v, 68r).

F

Fontanas,	Fontaines-lès-Dijon (Côte-d'Or), birth place of St. Bernard (2r).
Frãça,	France (35r).
França,	France (18r, 34r, 65v, 66r, 68v).
Frandes	Flanders (28r).
Ffrança,	France (35r).
Fusniaco,	Foigny (Aisne) (28r).

G

Gabriel,	Gabriel (Luke 1:19) (3v).
Galilee,	Galilee (in a Latin quotation only) (3v).
Garino,	Garinus, Bishop of Sion (57r).
Gaufredo,	Geoffrey, Bishop of Chartres (35v, 37r, 49r, 50r, 52r, 69v).
Germania,	Germany (28r, 55r, 64r).
Gido,	Guy, eldest brother of St. Bernard (6v, 7r, 10v, 28v).
Gido Pisano,	Guido of Pisa (37r).
Gilberto Porrata,	Gilbert de la Porrée, Bishop of Poitiers, accused of heresy in council at Rheims in 1148 (68r, 68v).
Gilhelme,	William of Champeaux, Bishop of Châlons-sur-Marne (17v) (error for *Gilhelmo?*).
Gilhelmo,	William, Bishop of Poitiers (48v).
Gilhelmo,	William, Abbot of St. Thierry, author of the First Book of the *Life of St. Bernard* (lived 1085?-1148) (1r, 32r, 33r).
Gilom,	Giles, Cardinal-Bishop of Toscolano (48v).
Giraldo,	Gerald, Bishop of Tournai (Belgium) (57v).
Girardo,	Gerard, brother of St. Bernard (7r, 7v, 8r, 15r, 25v, 41r).
Girardo,	Gerard, Bishop of Angoulême, follower of Anacletus II (48v, 50r, 50v, 51r).
Godifredo,	Geoffrey, secretary of St. Bernard, afterwards prior of Clairvaux (47r).
Godifredo,	Geoffrey (Godefridus), Bishop of Langres (elected 1139), relative of St. Bernard (57r).
Grançeiu	Grancey-le-Châte (Côte-d'Or) (6r).
Grandimōtẽsse,	pertaining to the Benedictine abbey at Grand-Mont (Creuse) (55v).
Granopolitano,	pertaining to Grenoble (62v).
Grisole,	Besançon (according to Migne footnote col. 283, vol. CLXXXV) (46r).

H

Haimerico,	Haimeric, chancellor of Pope Innocent II (54r).
Helias,	Elijah (I Kings 17), Elias (Vulgate III Kings 17) (28r).
Henrique,	Henry, Cardinal (57r).
Henrique,	Henry, Bishop of Beauvais (57r).

TABLE OF PROPER NAMES

Henrique,	Henry, Bishop of York (57v).
Henrique,	Henry I of England, ruled 1100-1135 (35r, 35v).
Henrique,	Henry, apostate and former monk from Toulouse (68v).
Herodes,	Herod (Matt. 2:16) (55v).
Hiberos,	Iberians, Spaniards (55r).
Honorio,	Honorius II, Pope from 1124 to 1130 (33v).
Hostiensi,	pertaining to Ostia (69r).

I

Ibernia,	Hibernia, Ireland (57v).
Iberos, Monte dos,	Pyrenees Mountains (48r).
Inglaterra,	England (35r).
Ingraterra,	England (35r).
Inoçencio	Innocent II. Pope from 1130 to 1143 (32r, 33v, 34v, 36v, 49r, 50v).
Intreio	Vitré (Ille-et-Vilaine) (scribal error for *Vitreio*? = Latin *Vitreium*) (29r).
Israel	Israel (15v, 60v).
Italia,	Italy (28r, 40r, 52v).
Italiano,	Italian (44v).
Italico,	Italian (44v).

J

Jacob,	Jacob (Gen. 25:26) (46v).
Janua,	Genoa (45v).
Jerosolimitano,	pertaining to Jerusalem. *Caminho jerosolimitano* = Second Crusade (1147-1149) (65r).
Jerusalem,	Jerusalem (27v, 58v).
Jhesu Christo,	Jesus Christ (in the manuscript this name is always abbreviated *Jhū Xpō*, but has been resolved as *Jhesu Christo* on the authority of Henry Hare Carter, *Paleographical Edition and Study of the Language of a Portion of Codex Alcobacensis 200,* [Philadelphia, 1938], pp. 79, 86 and 87.) (43r).
Job,	Job (Book of Job) (16r, 60r, 64r).
Joseph,	Joseph (Gen. 37) (60r).
Josleno,	Joscelen, Bishop of Soissons (30r, 50v).

L

Laterã, Paaço de,	Lateran Palace (33v).
Lausene,	Lausanne (57r).
Lemoviçensi,	Limoges (49r).
Leodiensi,	Liège (28r).
Levitico,	Levitical, pertaining to the Levites (46r).
Ligō,	Langres (Haute-Marne) (14r).
Ligom,	Langres (17v, 45v, 46r).
Ligona,	Langres (47r).
Liguro,	Liguria (45v, 48r).

166 THE OLD PORTUGUESE "VIDA DE SAM BERNARDO"

Lleodio,	Liège (35v).
Lothario,	Lothar II, Emperor of the Holy Roman Empire from 1125 to 1318 (36v).
Lothoringia,	Lorraine (30r).
Lourenço, Sam	St. Lawrence (martyred in 258) (25v).
Luçefer,	Lucifer (43v).
Luçio,	Lucius II, Pope from 1144 to 1145 (57v).
Luis,	Louis VI, King of France from 1108 to 1137 (35r).

M

Madre de Deus,	Virgin Mary (25v).
Madre Virgem,	Virgin Mary (73r).
Malachias,	St. Malachy (1094-1148), died at Clairvaux (St. Bernard wrote his life) (60v, 73v).
Maria, Virgem,	Virgin Mary (3v).
Matheus,	Matthew, Bishop of Albano and Cardinal (37r).
Matisconensi,	pertaining to Mâcon (Saône-et-Loire (8v).
Mediolanes,	Milanese (37r).
Mediolano,	Milan (38v, 39r, 40r, 45v).
Mediolano,	Milanese (37r).
Moguntina,	Mainz, Mayence (28r).
Monbarõ,	Montbard (Côte-d'Or), native town of Aleth, St. Bernard's mother (2r).
Monte Maravilhoso,	Montmirail (Marne?) (24v).
Moyses,	Moses (Exod. 2) (15v, 52v, 60v, 65r).

N

Nannatense,	pertaining to Nantes (50r).
Nanneto,	Nantes (49r).
Nepa,	Nepa, city near Rome. The incorrect form *Repa* appears in this Ms. (57r).
Nicolaao,	Nicholas, monk at Clairvaux (30v).
Nivardo,	Nivard, youngest brother of St. Bernard (10v).

O

Ocçeano, Mar,	Atlantic Ocean (48r).
Ostia,	Ostia (57r).

P

Papia,	Pavia (42v, 43v).
Paris,	Paris (28r).
Partiniaco,	Parthenay (Deux-Sèvres) (51r).
Pedro, Sam,	St. Peter (34r, 55v, 67r, 68r).
Pedro Abaelardo,	Peter Abelard (1079-1142) (67r).
Pedro de Leom,	Peter Pierleoni, Antipope Anacletus II (died 1138) (32r, 33v, 36v, 48v, 50v, 52v, 53r, 53v, 54r, 54v).
Pedro Pisano,	Peter of Pisa (54r, 56r).

TABLE OF PROPER NAMES 167

Pedro, Bispo Portuensi,	Peter, Bishop of Pisa? (48v).
Pharao,	Pharaoh (Gen. 12) (60r).
Philipe,	Philip, brother of Louis VI (35r).
Pictavenssi,	Poitiers (48v).
Pictavo,	Poitiers (48v, 50v).
Pisa,	Pisa (34v, 36v).
Pisano, Porto,	Port of Pisa (34r).
Potiniaco,	Pontigny (Yonne), site of Cistercian abbey founded in 1144 (9r).
Premostratēse,	pertaining to the Premonstratensian or Premonstrant order founded by St. Norbert at Prémontré in 1119 (55v, 59v).
Preneste,	Palestrina (57r).

R

Rannulfo,	Duke Rainulf of Apulia (died 1139) (54r).
Ranulfo,	Rainulf, Abbot of Dorat (49r).
Ranulpho,	Rainulf, Duke of Apulia (54v).
Remes,	Rheims (18r, 30r, 35r, 45v, 68r).
Roberte,	Hubert, Bishop of Nepa (Latin form = *Hubertus*) (57r).
Rogerio,	Roger, Abbot of Trois-Fontaines (28v, 29r).
Rogerio,	Roger II (the Great), King of Sicily from 1112 to 1154 (53v).
Roma,	Rome (35v, 36v, 45r, 52v, 53r).
Romãao, Romãa,	Roman (35v, 65v, 67r).

S

Salamom,	Solomon (II Sam. 12:24; Vulgate II Kings 12:24) (58v).
Salerno,	Salerno (54r).
Salvador,	The Saviour, Jesus Christ (55v).
Samuel,	Samuel (I Sam., Vulgate I Kings) (2v).
Sarlato,	Sarlat (Dordogne). Erroneously spelled *Farlato* in MS. (69r).
Satam,	Satan (25r).
Sathanas,	Satan (38v, 39r, 46v, 60v).
Saturninho,	St. Saturninus (died ca. 250) (69v).
Seduno,	Sion (German: Sitten), capital of Canton Valais in Switzerland (57r).
Senomsense,	Sens, site of council in 1140 which condemned Abelard's doctrine (67v).
Silo,	Shiloh (I Sam. 3), Silo (Vulgate I Kings 3.21) (3v).
Simõ Mago,	Simon Magus (Acts 8:18,19) (52v).
Simõ Pedro,	Simon Peter (Matt. 4:18) (52v).
Siro, Sam,	St. Syrus, patron of church in Pavia (43r).
Signay, Monte,	Mount Sinai (15v).
Spanhol,	Spanish (44v).
Ssiçilia,	Sicily (53v).

Ssigmaçensy,	pertaining to Signy (diocese of Rheims) (Latin form = *Signiacensis*) (32r).
Stanpas,	Étampes (Seine-et-Oise) (34r, 34v).
Stevõ,	Stephen Harding, Abbot of Cîteaux (10v, 11r).
Stevam,	Stephen, Bishop of Palestrina (57r).
Suesiom,	Soissons (Aisne) (30r, 50v).

T

Teçilino,	Tescelin (Old French: Tescelin li Sors), St. Bernard's father (2r).
Terreno, Mar,	Tuscan or Tyrrhenian Sea (34r).
Thederico, Sam,	St.-Thierry Abbey (near Rheims?) (32r).
Theobaldo,	Count Theobald of Champagne (47v, 58v).
Tholosa,	Toulouse (69v).
Tibre,	Tiber River (34v).
Tolosa,	Toulouse (68v).
Tornaço,	Tournai (Belgium) (scribal error for *Tornaco*?) (57r).
Tres-Fontes,	Trois-Fontaines, monastery founded in the diocese of Châlons-sur-Marne near Bar-le-Duc in 1118 (28v).
Tulio,	Touillon, village belonging to Guadry, St. Bernard's uncle (6v).
Turonica,	Touraine (Province) (48r).
Tusciia,	Tuscany (34v, 57r).
Tusculano,	Toscolano (48v).

U

Ugo, Sancto,	St. Hugh, Bishop of Grenoble (62v).
Ugo,	Hugh of Mâcon, Bishop of Auxerre (died 1151) (8v, 9r, 9v).
Ugo,	Hugh, Bishop of Ostia (57r).

V

Valle Absençial,	Absinthial Valley, Wormwood Valley (early name of Clairvaux) (27r).
Valtero, Frey,	Brother Walter, uncle of Baron Walter of Montmirail (24v).
Valthero, Barom,	Baron Walter of Montmirail (24v).

GLOSSARY

Only those words are listed which either are not common in modern Portuguese or differ in spelling, form, or meaning from current words. Normally only one form is given of regular verbs (see "Linguistic Study" in the Introduction for irregular verbs). Adverbs in -*mente* are omitted when the corresponding adjective occurs.

A

aadur, barely, with difficulty (11v).
aas, wings (31r).
abrangimento, extent, size (53v).
absençiall, bitter (as wormwood) (27r).
absenção, wormwood (14v).
abssemçiall, having wormwood (14r).
absente, absent (46v).
açafraado, saffron-colored (64r).
acalçar, to overtake, catch (44v).
açepto, acceptable (4v).
açerqua, near (12v).
achegado, near by (65r).
acoytar-se, to be anxious [error for *açoytar-se*?] (7v).
acto, suitable, apt (6v).
actor, author (56r).
actoridade, authority (73v).
ader, to add (16v).
adida, addition (23v).
aduvas, fetters, shackles (8r).
afectamento, affectation (17r).
afecto, accustomed (62r).
aficaz, efficacious, effective (31v).
alvidrar, to judge, consider (20v).
alvidro, free will; opinion, mind (32r, 59r).
amenzinhavel, medicinal (74r).
amerger, to sink, plunge (50v).
amoestamento, admonition (7r).
amoestar, to admonish (14r).
amortificado, mortified (18r).
ango, angel (15v).
anichilar, to annihilate (28v).

animalia, animal (73r).
antre, between, among (13v).
antreçarado, partially closed (15r).
antremitimento, interruption, intermission (13v).
antreposto, interposed (60v).
apertamento, crowding; gnashing (of teeth) (38v, 40r).
aplazer, to please (59v).
apremedor, oppressor (59r).
aprisuar, to capture, imprison (69r).
aptar, to apply, suit, fit (73r).
aque, here (39v).
aqueeçer, to happen (4v).
aquelo, that (neuter pronoun) (33v).
arefeecer, to cool off (4v).
arefentar, to cool (19v).
arevatadamente, violently (40v).
arevatar, to snatch away; to attack (26v, 30r).
arevesamento, vomiting (41v).
aroido, noise, tumult (71v).
arrincar, to remove, put away (60v).
asectamento, temptation, snare (29r).
asesegar, to calm down, quieten (5r).
asinha, quickly, hastily (8r).
asi, thus, so (10r).
assectar, to pursue, inveigh against (34r).
asy, thus, so (2v).
ataa, until, as far as (10v).
atormentamento, torment, torture (44v).
atriblado, afflicted (74r).
atrito, worn, exhausted, impaired (12v).
aucto, act, deed (4r).
auga, water (4v).
auga vinho, new wine, must (36r).
avangelho, gospel (40v).
avente, having (61r).
aversairo, adversary (25r).
aversamento, opposition, difficulty (4v.)
avitar, to avoid (16r).
avondança, abundance (15v).
avondante, abundant (16v).
avondar, to abound (23v).
avoricimento, dread, hate, abhorrence (14v).
avoricivel, horrible, detestable (36r).
avorreçer, to abhor (55v).

B

baram, man, gentleman (32r).
barõ, man, gentleman (39r).
begnino, benign (4v).
beixar, to kiss (46r).
bisso, a kind of fine linen cloth (35v).

GLOSSARY

boamente, de, willingly, gladly (33r).
botamento, dulling (32v).
buçella, morsel, mouthful (61v).
bulra, mockery, foolishness (6r).

C

ca, for, because (16v).
cachado, stick, shepherd's staff (41r).
cada hũus, everyone (with plural verb) (5r).
caduco, falling sickness, epilepsy (30r).
cagado, stick, shepherd's staff (49v).
callezes, chalices (34r).
cam, dog (2v).
candea, candle (50r).
carã, surface, face (57v).
carega, load, burden (12r).
çarrar, to close (42r).
cavidado, careful, cautious (63v).
cavidar-se, to be on one's guard, to avoid (15v).
çeeo, heaven, sky (10v).
celareiro, steward, keeper of a storeroom (15r).
chadeira, chair, office of bishop (38v).
chantado, fixed, planted (7v).
choro, choir (19v).
clasta, cloister, monastery (17r).
cõçelho, council, assembly (34r).
coaptar, to adapt, fit (63v).
cõdanar, to condemn (22v).
comesto, eaten (36r).
como assi he que, since, because (55r).
comuas, common (fem. pl.) (23v); *comũuas* (27r).
comvento, meeting (51v).
concidimento, assent, agreement (48v).
conferer, to confer (9r).
conheçente, acquaintance (6v).
conhoçer, to know, recognize (3r).
conpanha, company (17r).
conpleisõ, (physical) constitution (12v).
conprir, to fulfill; to be fitting (14v).
conselhar, to counsel, advise (2v).
consiirar, to consider, contemplate (19r).
contorvaçõ, confusion, disquiet (5v).
contrairo, contrary, opposite (41v).
contrariçõoes, opposition, contrary things (36v).
contricto, contrite (61r).
convilhavel, suitable, fitting (1r).
convinr, to suit, to be desirable; to convene (16r).
coonigo, canon, clergyman (2v).
cõpaciente, fellow patient, fellow sufferer (26v).
cõpoynha, he made up, composed (58v).
cõprimento, fulfilment, execution (10v).

corecçõ, reproof, reproach (= Latin *correptio*) (21r).
coreger, to prepare, make (a bed) (5r).
coriosidade, curiosity (13r).
cõsego, with himself (3r).
cõsiiraçõ, consideration (58r).
couçe, limit, bound (33r).
couçejar, to kick (39r).
coyta, suffering, misfortune (43r).
creçentar, to increase (3v).
criamento, nourishment, food (12v).
criudo, believed (70v).
cruciamẽto, torment, torture (16v).
cũ, with (9r).
cudar, to think (26v) (error for *cuidar*?).
cũgroo, suitable, fit (62r).
cuidaçõoes, thoughts (16r).
cuitello, knife (50v).
culpamento, fault, blame (51r).
cumũu, common (13r).
curamento, cure (40r).

D

daredor, around about (50v).
dayam, dean (ecclesiastical dignitary) (50v).
defuso, diffuse, abundant (64r).
demoninhado, possessed with a devil (30r).
desavisamento, carelessness, imprudence (29v).
descorrer, to travel about, run to and fro (7r).
desi, then, afterwards (4v).
desperar, to despair (60r) (error for *desesperar*?).
despoborado, depopulated, uninhabited (56v) (error for *despoboado*?).
despois, afterwards; after (9r).
despos, after, behind (24r).
despreçado, scorned, despised (10r).
desprezamento, scorning, rejection (33r).
destingido, distinguished (58r).
desvairado, various, sundry (4r).
detheudo, detained (37v).
detriminar, to determine, decide (5v).
devaçõ, devotion (4r).
devudo, due, fitting, proper (38v).
dezedeiro, worthy of saying, sayable (3r).
d'i, thence from that time (34r).
d'i avante, thenceforth (3r).
difinçõoes, definitions, decisions (36v).
dino, worthy (1v).
discripçõ, discretion (73v).
discripto, discreet (23r).
disi, then (25r).
distencia, distance (58r) (error for *distancia*?).
dixe, I said (69v).

GLOSSARY 173

dobrado, double-dealing, deceitful (60r).
doido, lamented, regretted (22v).
dominica, Sunday (26r).
dominico, pertaining to the Lord (29v).
dõoes, gifts (20v).
douos, two (10r).
dovas, fetters, shackles (8r).
dovidante, doubter, unbeliever (69r).
dulçidom, sweetness (27r).
d'y avante, thenceforth (15r).

E

ẽadido, added (23v).
ẽardecer, to burn, glow (14v).
ẽçarramento, enclosure (18v).
ẽçarrar, to contain, enclose (27r).
ẽclareçer, to become famous (36r).
ẽcolheito, contracted, drawn up (42r).
ẽcorrer, to incur (35r).
ẽcreeo, unbeliever, incredulous person (30v).
ẽcruiçia, became fierce (39v).
ẽçugentar, to dirty, foul (12r).
ẽcurssu, assault, attack (28r).
ẽdurado, hardened (7r).
ẽfestar, to molest, attack (33v).
ẽfraquentado, weakened (21v).
ẽgloseçiar, to grow fertile (56v).
ẽgrosseçer, to become fat, large (27v).
el, he (16r).
ẽlecto, elect, chosen one (33v).
elleçõ, election, selection (11r).
ello, it (21r).
em, still, yet (37r).
emardeçer, to burn, glow (5r).
emclinar, to incline (18v).
emleger, to elect, choose (33v).
emvorilhado, wrapped, enclosed (17r).
ẽnobriçiar, to render noble (36r).
ensignança, teaching, doctrine (58v).
ẽpeçoentado, poisoned, corrupt (48v).
ẽpeeçivel, harmful, prejudicial (24r).
ẽpetrar, to obtain by entreaty (13v).
epileutico, epileptic (51v).
ẽplicar, to involve, implicate (6r).
ẽpoer, to impose, lay upon (33r).
ẽposto, imposed (34v).
ẽquerer, to inquire (5v).
ẽqueriçõ, inquiry (1v).
ergo, therefore, accordingly (5v.)
ero, error (19v).

erra, it was (18r).
esciença, knowledge (23v).
escondudamente, secretly (3v).
escuitar, to listen (19v).
esculdrinhador, scrutinizer (73r).
ēsenbra, together (34v).
esgardar, to regard, consider (1v).
esgardoso, circumspect (62v).
ēsignança, teaching, doctrine (2r).
ēsignar, to teach (14r).
espiramento, breathing; inspiration (58v).
esposerõ, they exposed (34r).
esso, that (63r).
estar, to stand (62r).
esto, this (16v).
estom, they are (58r).
estramentado, strewn, covered (62r).
estramento, litter, straw (57v).
ētençõ, intention; attention (5v).
ēterpretaçom, interpretation (2v).
ētrege, delivered, handed over (69r).
ēveya, envy (72v).
ex, here is (are) (29v).
ēxeitar, to reject, scorn (10r).
expaveçer, to become frightened (49v).
expoedor, expounder (14r).
exprovamento, trial, experience (26r).
exprovar, to experience, undergo (44v).
extimar, to esteem, consider (20v).

F

faageiro, affectionate, pleasant (48r).
fago, beech tree (14v).
faldra, skirt or flap, part of garment below waist (37r).
fallamento, discourse, word (29r).
fame, hunger (14v).
fayeira, beech tree (13v).
fecto, done, made (10v).
fector, favorer, partisan (37r).
fectura, making, creation (11r).
fegura, figure (37v).
feuza, trust, confidence (29r).
frresta, window (12r).
fornigador, fornicating (50r).
fortalezar, to fortify (46v).
fratrenal, fraternal (65r).
frede, brother in religious order (41r).
freestra, window (40r).
frruyto, fruit (11r).
firmidom, confirmation (9r).
fremoso, beautiful (3v).

GLOSSARY 175

fremusura, beauty (58r).
frol, flower (23v).
fromento, grain, wheat (27v).
fugam, they flee (subj.) (22v).
fundo, a, below (3r).
fuy, he was (13r).

G

galrregar, to chatter, boast (43r).
gançar, to win, receive by lot (12r).
garda, guard, custody (7v).
garnicer, to provide with; to arm, fortify (31r).
geolho, knee (29v.)
gisa, manner, way (18r).
gloriamento, self-glorification, vanity (30v).
gorgumilo, throat, gullet (19v).
gram, great, large (35r).

H

ha, it (72r).
hera, he was (23r).
hi, there (1v).
honravel, honorable (23v).
hoonramento, honoring, homage (62v).
hu, where (5v).
hũu, hũua, a, an; one (1r).
hy, there (10r).

I

igar, to equal (14r).
imiigar, to make enemies, to become enemies (31v).
imiigo, enemy (7v).
infirmidade, illness, sickness (19r).
intindimento, understanding (16v).
invisibelmente, invisibly (49r).
irmindade, brotherhood (22r).
ĩsinado, trained, instructed (64r).

J

jouve, he lay (39v).

K

karidade, charity (20r).
karisma, spiritual gift (74r).

L

lasar, to tire (32v).
leçença, permission, license (17v).
lecterado, lettered person, learned man (29r).
legar, to tie, bind, fasten (44r).
leixar, to leave; to stop, cease (1r).
leterra, letter (missive) (35r).
lex, laws (37v).
lhe, to them (8v).
liamento, connection (53v).
lidiçe, joy, pleasure (29v).
lignagẽ, lineage (53v).
liquor, liquid (61v).
lomear, threshold (56r).

M

madre, mother (= *mãe*) (2r).
maglino, malicious, wicked (36r).
mais, but (= *mas*) (5v).
maleza, ill will, spite (26v).
malitia, malice, deceit (29r).
mantão, cloak (63r).
maurelo, dark, black (29v).
maynas, matins (14v).
meezinha, medicine (2v).
meo, middle, midst (14r).
mesejeiro, messenger (7v).
milho, millet (14v).
milhor, better, best (16v).
minigalha, trifle (20r).
monga, nun (2r).
monte, deserted, untilled land (56v).
moreo, he died (17r).
moyo, bushel (64v).
muimento, monument, tomb (39v).
mỹgado, needy, lacking (16v).
mylhor, better, best (1v).

N

nã, not (20v).
natura, nature (34r).
navicula, boat, skiff (27r).
nẽgẽ, no one (72r).
nẽhũa, nẽhũu, no, no one (21v).
nenbramento, memory (33r).
nenbrança, memory, thought (12v).
nenbrar-se, to remember (25v).
neto, nephew (52r).

GLOSSARY

nõ, nom, no, not (1r).
nocte, night (10r).
noyo, nausea; repulsion (30r).
nuidade, nakedness (14v).

O

obramento, deed, working (30v).
oĩpotencia, omnipotence (38r).
oje, today (7r).
orẽtaaes, orientals, easterners (66r).
oucioso, idle (20r).
oye, today (31r).

P

pam raro, a coarse bread made of unbolted flour (35v).
parinte, child-bearing, fruitful (27v).
patana, paten (38v).
pataranha, exaggerated story, lie (28v).
pee, foot (8r).
pelegar, to fight (36v).
pendença, penance, repentance (13r).
per, by, through, for (14r).
pera, for, in order to (3v).
percalçar, to attain, partake of (58r).
perfia, perfidy (50v).
perfiosamente, perfidiously (67r).
persença, presence (52r).
pescamento, fishing, catch (28r).
pestenẽça, pestilence, plague (72v).
pitiçõ, request, petition (18v).
plaça, public square (10v).
plazer, to please (14r).
plectejamento, pact, contract (37v).
poboo, people (37r).
poer, to put (24r).
poinha, he put (41v).
polas, through, by the (38r).
pollo, through, by the (1r).
pom, bread (20v).
pormeter, to promise (7r).
posisom, possession (10v).
pospoÿa, he used to postpone (62r).
postumeiro, last, final (33r).
povoo, people (much less common than *poboo*) (70r).
prea, booty, spoils (54r).
prectejar, to form a pact with; to render homage to (36v).
prectiosa, pact (error for *prectisia*?) (32v).
prectisia, pact (9v).
prefia, perfidy (60r).
preguntar, to ask, inquire (28v).

prepoinha, he proposed (68r).
prepor, to prefer, put first (72v).
prespos, he proposed (62v).
prezes, prayers (34v).
prigiçoso, dangerous (59v).
prigo, danger (30v).
prisom, prison; catching (of fish) (27v).
pro, for (15r).
prodençia, prudence (18r).
propio, own, proper (25r).
propoinha, he proposed (15v).
prouve, it pleased (51r).
provavel, worthy of approval, commendable (33v).
prove, poor (7v).
provectar, to profit, benefit (49v).
provera, it had pleased (21v).
proveza, poverty (5v).
pulmento, relish, condiment (eaten with bread) (14v).
punador, champion, fighter (68r).
punar, to fight, struggle (52v).
pureça, purity (61r).
pusi, I put (pret.) (40v).

Q

quamanho, how large? (22v).
quarretar, to quarry (47v).
quebramento, breaking, splitting (39v).
quedar de, to fail to, stop (6r).
quejando, of what kind, which? (26v).
quomo, how (11r).
quoreesma, Lent (7v).

R

raro, coarse (in *pam raro* = *panis autopyrus*) (35v).
recontamento, narration (23v).
reduxe, he led back (52r).
refeiram, they refer (58v).
regla, rule (of monastic order) (57r).
regnado, reign (20v).
regno, kingdom (25r).
regnõ, they reign (24v).
reigado, rooted (6v).
renenbrar, to remember (44r).
repairar, to recover; to repair (69r).
reposta, reply (28r).
reprẽdente, reprehending (16r).
rethiudo, retained, detained (9v).
revatar, to snatch (38v).
revesamento, act of vomiting (38v).
rex, kings (31r).

GLOSSARY

rezente, recent (19v).
rezoadamente, reasonably (30v).

S

.s., that is, to wit (= Latin *scilicet*) (7r).
saar, sar, to heal, cure (69r).
sagessmente, shrewdly, wisely (10r).
sageza, wisdom (59r).
sagral, secular, worldly (10r).
sagredo, secret (16v).
sainte, departing, leaving (52r).
sartãa, frying pan (40r).
sayva, saliva (51v).
scandiliçar, to scandalize (29v).
scarnir, to mock, ridicule (68v).
sculdrinhar, to scrutinize (64r).
scundudamente, secretly, in a hidden way (41r).
scurado, darkened, blinded (8r).
seeda, seat; session, sitting (33v).
seer, to sit; to be (64v).
segre (secular), world (6r).
Seutuagesima, Septuagesima Sunday (26r).
seve, he sat (60r).
sey, be! (7v).
sgardamento, beholding, contemplation (46v).
signar-se, to make the sign of the cross (4r).
signodo, synod (50v).
siia, was; sat (24v).
sinplezes, simple (plural) (20v).
situamento, situation, location (48r).
so, under, beneath (5v).
sobjecto, subject (16r).
sobrelançar, to throw upon (33r).
sobrevosamente, haughtily, proudly (12r).
soçedor, successor (10v).
sojecto, subject (58v).
solenpne, solemn (3v).
sollairo, salary, stipend (64v).
sollicitamento, solicitude (18v).
som, they are (28r); I am (19r).
sonbreiro, hat, bishop's miter (45v).
soo, under (60r).
soom, I am (17r).
sõos, you are (2nd pers. pl.) (5v).
sorratiçiamente, cunningly, maliciously (33v).
sorruivo, reddish (61r).
sospecto, suspect, suspicious (16r).
soterranho, subterranean, underground (8r).
sovertedor, subverter, overthrower (9r).
sovertido, subverted, overthrown (9r).
soyeito, subject (58v).

soyo, I am accustomed (32v).
spaveçer, to become terrified (70r).
speramento, hope (46r).
spiramento, breath, spirit (1r).
spirar, to expire, die (4v).
splandiçivel, splendid, resplendent (45v).
spritu, spirit (12r).
stamago, stomach (12v).
ste, this (14v).
stilar, to instill (38v).
sto, this (54v).
stormento, instrument (3r).
strameto, horsecloth (62v).
strecto, narrow; strict (27v).
stremo, end, extreme point (11r).
studar de, to strive to, to be zealous to (59r).
supitamente, suddenly (15r).

T

tã, so (1r).
tangimento, touch, act of touching (38r).
tavoa, (wax writing) tablet (58v).
teedor, keeper, maintainer (2r).
tegma, theme (32v).
tirano, young soldier (erroneous form from Latin *tirone?*) (6v).
todollos, all the (3v).
tomamento, catch, take (of fish) (27r).
topaz, topaz (60v).
trigança, speed, haste (26v).
trigar-se, to hasten, hurry (11v).
trigoso, swift, quick (8v).
trouve, he brought (24r).

V

vaso, drinking glass (61v).
veyo, I see (6v).
verça, cabbage (43r).
vespora, evening, vesper (7v).
viner, to come (51 v).
vinr, to come (7v).
vinra, it will come (7r).
virgel, garden (47r).
visibilmente, visibly (6v).
vogado, advocate, patron, defender (67v).

Y

ygallança, equality (58r).

BIBLIOGRAPHY

Abraham, Richard D. *A Portuguese Version of the Life of Barlaam and Josaphat.* Paleographical Edition and Linguistic Study. Philadelpia, 1938.
Anselmo, António. *Os Códices Alcobacenses da Biblioteca Nacional.* (I. Códices portugueses). Lisboa: Oficinas Gráficas da Biblioteca Nacional, 1926.

Biblia Sacra. Juxta Vulgatam Clementinam. Tornaci: Desclée et Socii, 1947.
Boléo, Manuel de Paiva. *Introdução ao estudo da filologia portuguesa.* Lisboa, 1946.
[Brunet, Jacques Charles]. *Dictionnaire de géographie ancienne et moderne.* Paris: Dorbon-Ainé, [n. d.].
Bueno, Francisco da Silveira. *A formação histórica da língua portuguêsa.* Rio de Janeiro; Livraria Acadêmica, 1955.

Cappelli, Adriano. *Dizionario di abbreviature latine ed italiane.* 5a. edizione. Milano: Editore Ulrico Hoepli, 1954.
Carter, Henry Hare. *Paleographical Edition and Study of the Language of a Portion of Codex Alcobacensis 200.* Philadelphia, 1938.
Cayré, F. *Manual of Patrology and History of Theology.* Translated by H. Howitt. Vol. II. Tournai: Desclée, 1940.
Coulton, G. G. *Five Centuries of Religion.* Vol. I. Cambridge: Cambridge University Press, 1929.
Cruden, Alexander. *A Complete Concordance to the Old and New Testament.* London: Frederick Warne and Co., [n. d.].

Dias, Augusto Epiphanio da Silva. *Syntaxe histórica portuguesa.* 2a. edição. Lisboa: Livraria Clássica, 1933.
Dictionnaire d'histoire et de géographie ecclésiastique. Vols. I-XV. Paris: Letouzey et Ané, 1912-1963.
Domincovich, Ruth. *Portuguese Orthography to 1500.* Philadelphia, 1948.

Eis, Gerhard. "Die Quellen für das Sanktuarium des Mailänder Humanisten Boninus Mombritius," *Forschungen und Fortschritte,* IX (1933), 321-322.
Enciclopedia Cattolica. 12 vols. Città del Vaticano: Ente per l'Enciclopedia Cattolica, 1949-1954.

Ferraris, Petrus. *Historia Ecclesiastica ad Usum Scholarum.* Roma: Domus Editorialis Marietti, 1942.

Ferreira, Aurélio Buarque de Hollanda, et al. *Pequeno dicionário brasileiro da língua portuguêsa.* 10a. edição. Rio de Janeiro: Editôra Civilização Brasileira, 1960.

Figueiredo, Cândido de. *Novo dicionário da língua portuguesa.* 5a. edição. 2 volumes. Lisboa: Livraria Bertrand, [1939?].

Forcellini, Aegidius, et al. *Lexicon Totius Latinitatis.* Tom. V & VI (Onomasticon). Patavii: Typis Seminarii, 1940.

Grande enciclopédia portuguesa e brasileira. Vols. I-XL. Lisboa, 1935-1960.

Herbermann, Charles G., et al. (eds.). *The Catholic Encyclopedia.* 15 vols. New York: Robert Appleton Co., 1907-1912.

Holmes, Urban T., Jr. "[Review of] Joseph H. D. Allen, *Two Old Portuguese Versions of the Life of Saint Alexis*," *Symposium,* VIII (1954), 185-187.

Holy Bible.. [King James Version.] Philadelphia: A. J. Holman, [n. d.].

Holy Bible. Translated from the Latin Vulgate. New York: Catholic Book Publishing Co., 1949.

Huber, Joseph. *Altportugiesisches Elementarbuch.* Heidelberg: Carl Winter, 1933.

Keckeisen, Beda (ed.). *Missal quotidiano completo em latim e português.* Bahia: Tipografia Beneditina, 1951.

Lewis, Charlton T. and Short, Charles. *A New Latin Dictionary.* New York: American Book Co., 1907.

Little, William, et al. *The Shorter Oxford English Dictionary.* 3rd editon. Oxford: Clarendon Press, 1950.

Mabillon, Joannes (ed.) *S. Bernardi Abbatis Primi Clarae-Vallensis Opera Omnia.* Volumen Quartum. Patrologiae Cursus Completus. Tomus CLXXXV. Paris: J.-P. Migne, 1855.

Magne, Augusto (ed.). *A Demanda do Santo Graal.* Vol. III. Glossário. Rio de Janeiro: Imprensa Nacional, 1944.

Meyer-Lübke, W. *Romanisches Etymologisches Wörterbuch.* 3. Auflage. Heidelberg: Carl Winter, 1935.

Mombritius, Boninus. *Sanctuarium seu Vitae Sanctorum.* Novam... editionem... 2 vols. Paris: Apud Albertum Fontemoing, 1910.

Nascentes, Antenor. *Diccionário etimológico da língua portguêsa.* Rio de Janeiro, 1955.

Nunes, José Joaquim. *Crestomatia arcaica.* 3a. edição. Lisboa: Livraria Clássica, 1943.

Pecoraro, Dinorah da Silveira Campos (ed). *A vida de Santo Aleixo.* São Paulo, 1951.

Peixoto, Afrânio and Pinto, Pedro A. *Dicionário d'Os Lusíadas de Luís de Camões.* Rio de Janeiro: Liv. Francisco Alves, 1924.

Roques, Mario (rapporteur). "Établissement de règles pratiques pour l'édition des anciens textes français et provençaux," *Romania,* LII (1926), 243-249.

Roquette, J.-I. *Nouveau dictionnaire portugais-français.* Paris: Vve. J.-P. Aillaud, Monlon et Cie., 1860.

Seguier, Jaime de, *et al. Dicionário prático ilustrado*. Porto: Lello & Irmão, 1968.
Silva, António de Moraes e. *Grande dicionário da língua portuguesa*. 10. edição. Vols. I-XII. Lisboa: Ed. Confluência, 1949-1959.
Silva Neto, Serafim. *Manual de filologia portuguesa*. História. Problemas. Métodos. Rio de Janeiro: Livraria Acadêmica, 1952.
Storrs, Richard S. *Bernard of Clairvaux*. The Times, the Man and His Work. New York: Scribners, 1892.
Vacandard, E. *Vie de Saint Bernard Abbé de Clairvaux*. 2 vols. Paris: Librairie Victor Lecoffre, 1927.
Vasconcellos, J. Leite de. *Textos arcaicos*. 3a. edição. Lisboa: Livraria Clássica, 1923.
Williams, Edwin B. *From Latin to Portuguese*. Philadelphia: University of Pennsylvania Press, 1938.
Williams, Watkin W. and Mills, Barton R. V. (eds.). *Selected Treatises of St. Bernard*, Cambridge: Cambridge University Press, 1926.
Zorro, Joan. *O cancioneiro de Joan Zorro*. Rio de Janeiro, 1949.

4708

OHIO UNIVERSITY LIBRARY

Please return this book as soon as you have finished with it. In order to avoid a fine it must be returned by the latest date stamped below.

CF